アントワヌ=ローラン=
ラヴォアジエ

ラヴォアジエ

・人と思想

中川　鶴太郎　著

101

CenturyBooks　清水書院

まえがき

近代化学の古典的基礎を確立し、その基本構造を構築したといわれるアントワヌ＝ローラン＝ラヴォアジエ（Antoine-Laurent Lavoisier, 1743 ～ 1794）とその時代を描くのが本書の目的である。フランス革命勃発の年に刊行された彼の主著『化学原論』（Traité élémentaire de chimie, 1789）が化学の歴史において占める位置は、物理学におけるニュートンの『プリンキピア』に対応するといわれる。この『原論』においてラヴォアジエは質量保存則を確立して定量化学の基礎を固め、画期的な元素概念を提出して物質観の歴史を変革した。そして前著『化学命名法』（共著、一七八七）を敷延して、錬金術以来の複雑怪奇な「化学言語」を合理的な体系に一新した。まさに一七八九年のフランスは政治・社会革命と「化学革命」を同時に経験したのである。

化学はその後ドルトン（英）、アヴォガドロ（伊）、ベルセリウス（スウェーデン）、リービッヒ（独）ら全欧の学者により発展を続けることになるが、それにもかかわらず一八六八年にフランスのアドルフ＝ヴュルツが吐いた豪語「化学はフランスの科学である」（*La chimie est une science française.*）は、ラヴォアジエの伝統を誇示するものとして今日まで語り継がれている。

ラヴォアジエが偉大な天才であったことに異論はないが、同時に「時代の子」であったことは、彼のギロチンによる刑死の事実で明らかである。

したがって本書では、化学者ラヴォアジエの生涯を、彼を取り巻いた時代のなかで描こうと思う。それは十八世紀フランスであり、アンシアン・レジーム、啓蒙思潮、重農主義の時代である。彼はアンシアン・レジーム下の「諸悪の根源・徴税請負人」であり、一方重農派のテュルゴーやピエール＝サミュエル＝デュポン＝ド＝ヌムールの同志でもあった。そして彼が十八世紀フランス啓蒙主義、とくに哲学者コンディヤックからいかに大きな影響をうけたかは、『化学原論』の序文にみられるコンディヤックからのおびただしい引用を一見すれば明らかである。こうして、当然のことながら彼は典型的な十八世紀人であった。そのことを忘れぬようにしてこの本を書いた。

しかし十八世紀のフランスを描くだけでことは終らない。人も知るように、その背後にはカール大帝（シャルルマーニュ）以来千年にわたるヨーロッパ文明の伝統がある。したがって私はこの本を「ヨーロッパとは何か」という問題提起から始めた。この問題意識は「科学はなぜヨーロッパで生まれたか」を考える作業にもつながる。いま我々が学習し研究する自然科学はエジプトでもギリシア・ローマでもインドでも中国でもなく、まさにヨーロッパで今日の形態に整備されたものである。目次の冒頭をみて異様の感をもつ読者が多いと思うが、「序章の序章」は私にとっては重要な意味をもっている。古典古代の文化が自動的に発展して今日の文化になったのではなく、「ヨーロッパを通じて」そうなったのである。オリエント、ギリシア、ローマの遺産を「科学」の体系にまとめあげたヨーロッパという「知的装置」の特質について是非とも一瞥《べつ》を与えた上で本題に入りたいと私は思ったのである。

記述上の配慮について二、三付言しておこう。

本書は化学の専門家ならぬ一般読者の教養書であることを目的としているので、化学の基礎知識としては中学校の理科で学習すること以上を要求してはいない。ただし巻末の補章では若干の専門知識が必要かもしれない。

多少とも愉快な読物となるよう、あちこちに雑談を挿入した。ラヴォアジエの同時代人モーツァルトが出てきたり、メートル法の提案者タレーランを語るのに映画『会議は踊る』が出てきたりする。

さらに本書全体に「鬼面人を驚かす」語句が散見される。これを友人たちは「中川節《ぶし》」と呼ぶが、私の性格のいたすところである。了承されたい。

どの章から読んでもらっても、おおむねその章の趣旨を看取できるように書いたつもりである。そのためには、当然のことながら記述の重複が非常に多い。許されたい。重複の最たるものは末尾の「まとめ」の章である。そこでは、本書中の要所要所で指摘した注目点をあらためて繰りかえして記載してある。

独創性、あるいは創造力とは何か。ラヴォアジエが「時代の子」であるからといって、彼の時代をくわしく描けば自然に彼の独自の思想が見えてくるというわけのものではなかろう。独創性とはすぐれて個性的な直観であるという。あるいは思考のユニークさであるという。この本で私はラヴォアジエの思想の非類型的な点をえぐりだすことに成功しているであろうか。批判と教示を待ちたい。

歴史の本は読者を感動させ、人間精神を鼓舞しなければならない、といわれる。私は本書が、化学者ラヴォアジエの単なる「履歴書」に終らぬよう努力したつもりであるが、果して「人間精神を鼓舞する」までに至っているかどうか、まことに心もとない。

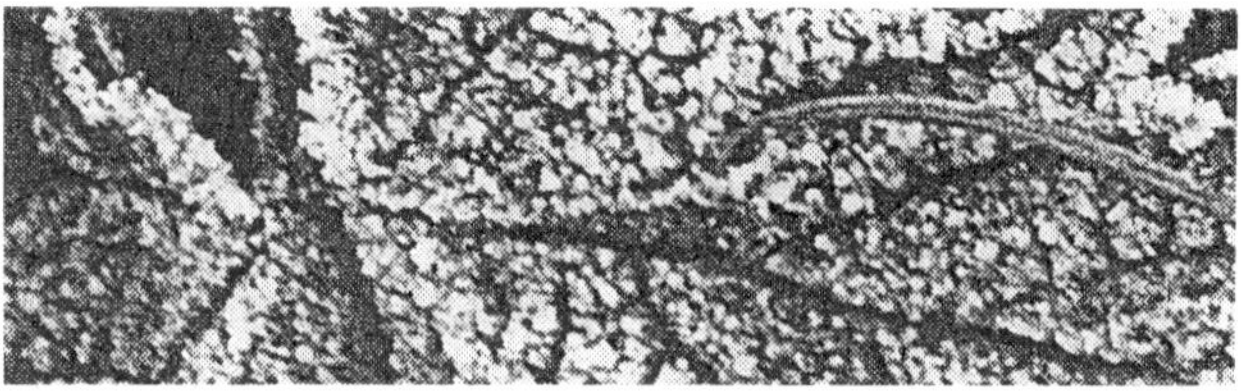

目次

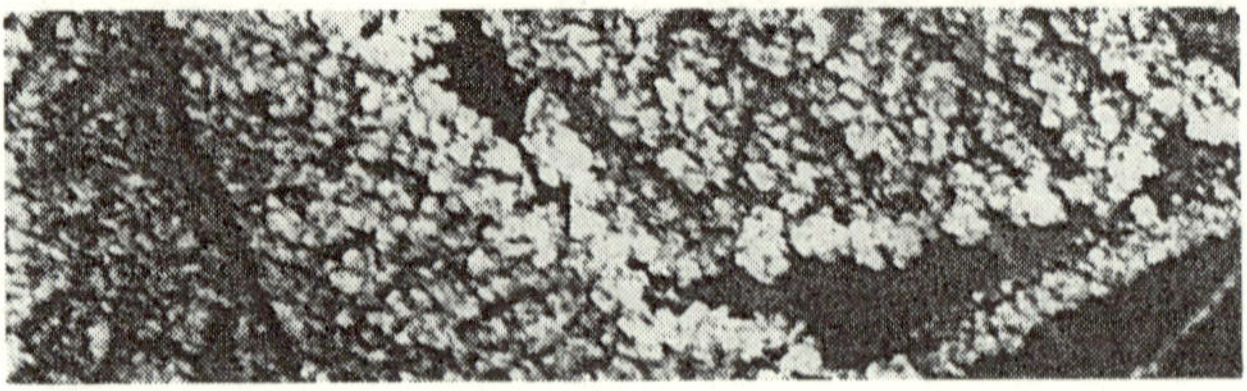

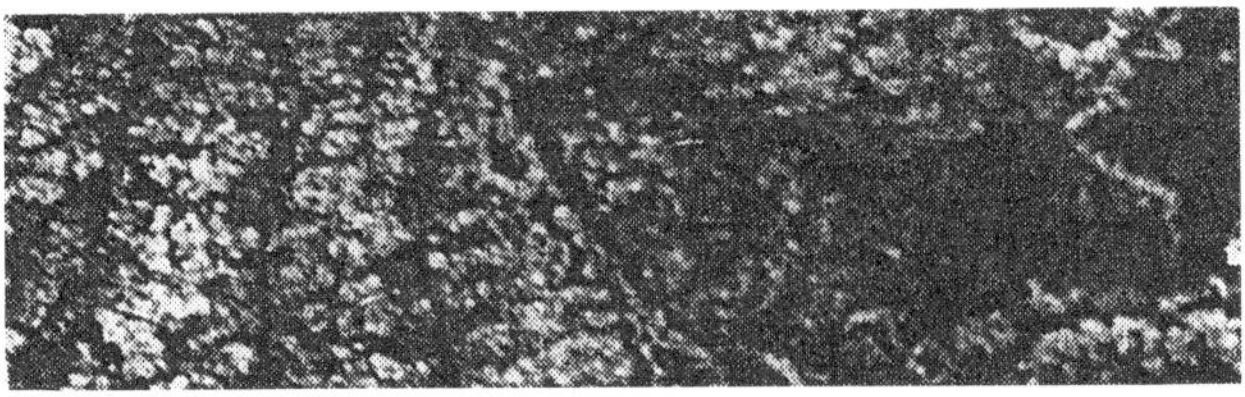

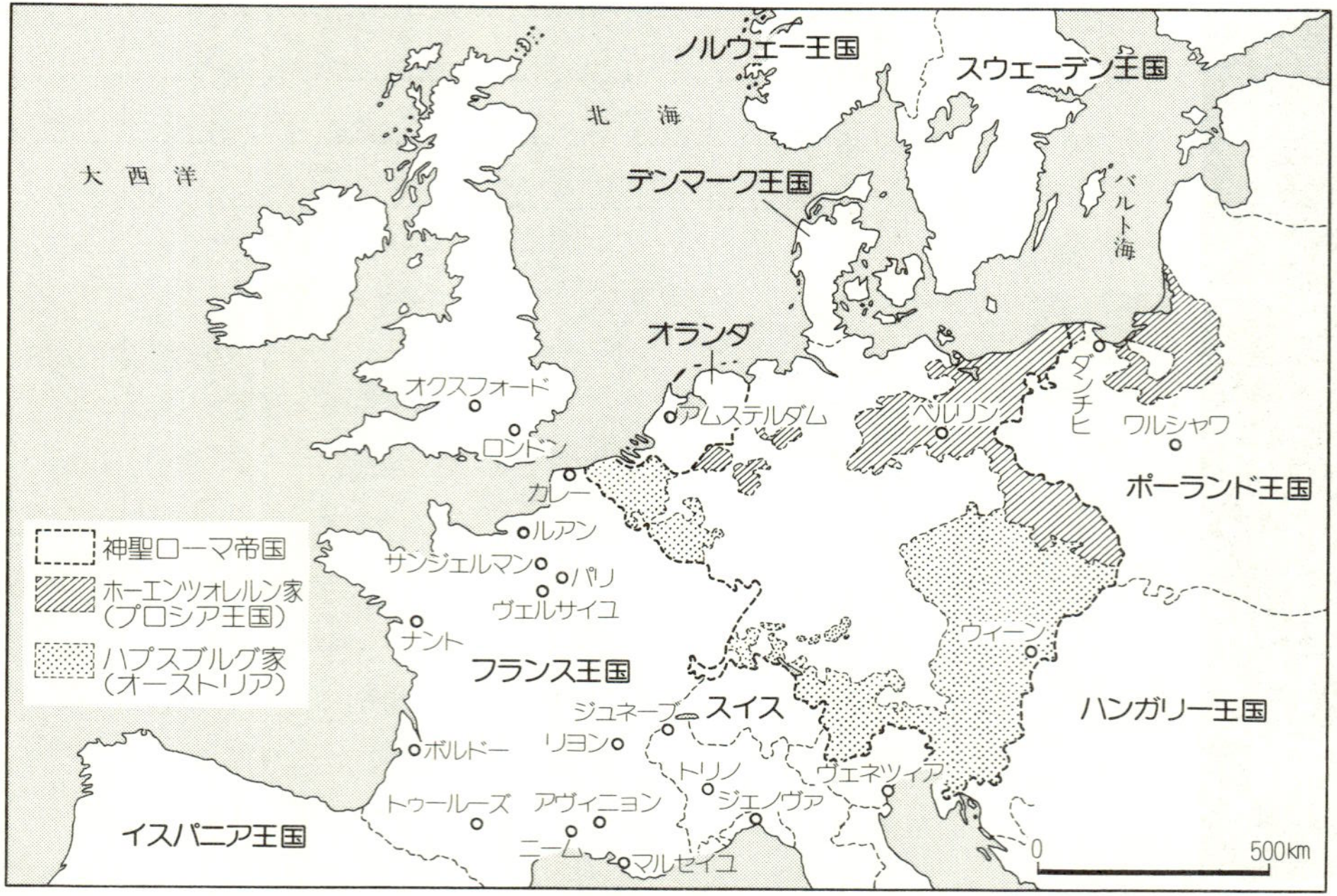
ノルウェー王国
スウェーデン王国
北海
大西洋
デンマーク王国
バルト海
オランダ
オクスフォード
ロンドン
アムステルダム
ベルリン
ダンチヒ
ワルシャワ
ポーランド王国
カレー
ルアン
サンジェルマン
パリ
ヴェルサイユ
ナント
フランス王国
ウィーン
ハンガリー王国
ジュネーブ
スイス
リヨン
ボルドー
トリノ
ヴェネツィア
ジェノヴァ
トゥールーズ
アヴィニョン
ニーム
マルセイユ
イスパニア王国
神聖ローマ帝国
ホーエンツォレルン家
(プロシア王国)
ハプスブルグ家
(オーストリア)
0
500km

ラヴォアジエ関連地図

I　なにごとにも長い伝統がある

1　序章の序章　科学を生みだしたヨーロッパ

近代化学の古典的支柱を確立したラヴォアジエについて語るのが本書の目的である。

ところで、化学と言わず物理学、数学、生物学、地学、天文学など、今日我々が科学と呼んで学習するものはヨーロッパの産物である。古代エジプト、古代中国、古代インドなどで誕生して幼児期を送った学問が、古典古代（ギリシア、ローマ）の地中海世界で成長し、さらにヘレニズム世界とイスラム世界に継承されたのち今日の科学、技術にまで発展したのは、まぎれもなくヨーロッパの地においてである。

したがってここで一つの疑問、すなわち、われわれが学習している科学はなぜヨーロッパで育ったのか、ヨーロッパという文化圏がなぜ科学の成長に好都合な条件を備えていたのであろうか、という素朴な疑問が発生する。

そこで「序章の序章(1)」と銘打った本章では、ヨーロッパとは何か、ヨーロッパ文明とは何か、という問題提起からはじめる(2)。すなわち中世ヨーロッパ世界の成立と、中世中期の技術革新・文化高揚――いわゆる十二世紀ルネッサンスを概観するのである。

カール大帝とヨーロッパの開幕

われわれがアジアというとき、それが地理的概念であることは自明である。しかしこのとき文化概念としての「アジア文明」を頭に描くことはあまりない。そこにあったのはインド文明であり、中国文明である。

ところがヨーロッパというとき、われわれはそれが地理的概念であると同時に、一つの文化概念を内包することを知っている。フランス文化、ドイツ文化、イギリス文化などの「上」に拡がって一体をなすヨーロッパ文明、あるいはそれらの諸文化全体の「内部」に浸透して共有物となっているヨーロッパ文化を感得することができる。これはいったいどういうことであろうか。

地中海を中心とする古典古代世界（ギリシア、ローマ）にとって一辺境でしかなかったヨーロッパが政治的な力を備えて登場するのは紀元八〇〇年、法王レオ三世によるカール大帝（シャルルマーニュ）の戴冠によってである。

ヨーロッパ統一を果したカールは、内心では政権と教権、つまり地上の権力と「天国」の支配権の両者を一手に掌握したかった、つまり絶対権力を手にいれて君臨したかったのであろう。しかしローマ法王権は強力でカールの夢は実現しなかった。しかしこのことこそがヨーロッパにおける科学の誕生にとって幸運であったという事情を述べるのがこれからの目的である。

ともあれ、ほぼヨーロッパ全域を覆う大帝国を建設したカールは、その宮廷に多数の学者、文人を集めてギリシア、ローマの文化を導入し、領内の文化活動、修道院活動を奨励し、多くの学校を

カール大帝の姿とされている騎馬像

建てて中世における学術・教育の基礎を整えた。世にいうカロリング朝ルネッサンスである。フランスの小学校ではシャルルマーニュを「学校をつくった王様」と教えるそうである。

　カールの大帝国はわずか数十年で崩壊して今日のドイツ、フランス、イタリアに相当する地域に分裂してしまうが、それにもかかわらずカールとその治世は一つの文化的歴史的統一体としての『ヨーロッパ』の礎石を置いた。カールはまさに「ヨーロッパ文明」の始祖となったのである。

　カールの率いるフランク族がキリスト教に改宗したことと、ローマ法王によるカールの戴冠はヨーロッパ世界の出発点と呼ぶにふさわしい内容をもっている。それはどういうことか。まず第一に、ゲルマン族の支配するヨーロッパはこれにより古典古代、すなわちギリシア、ローマ文明の伝統的権威を継承することとなり、同時にカールは法王権力と結ぶことにより、帝国領内に精神的権威をもった政治権力を確立することができたのである。第二にローマ教会の側からみるならば、一地方宗教であったキリスト教が、強力なカールの地上の権力と結びつくことによって、ヨーロッパ全土に布教の網を拡げて普遍的な一大世界宗教たるカトリック（普遍的、公的の意）教に脱皮しうる端緒をつかんだことになる。まさにヨーロッパの開幕と呼ぶにふさわしい画期的な事件である。

この皇帝権と法王権はついにたがいに相手を圧倒することができず、独特な二中心世界をヨーロッパに現出させることになる。「霊」の支配者と「肉」の支配者という、たがいに代替の利かぬ強大な二権力の並立がここでは特徴的である。「独特な二中心世界」といったのはその意味である。そしてそのことが近代、現代ヨーロッパ文明の本質に深くかかわることになる。

ともあれ真にヨーロッパ的なヨーロッパがこの時代、中世初期に完成したわけではない。中世封建制度はまだ確立してはいない。皇帝権も法王権もそれほど強力ではない。ヨーロッパ世界が名実ともにその姿を整え、ひいては今日の科学をみごもるべく成熟するのは十一世紀から十三世紀へかけての、世にいう十二世紀ルネッサンスを通じてである[3]。

十二世紀ルネッサンス

九六二年、オットー大帝による神聖ローマ帝国が成立する（ナポレオンにより一八〇六年に廃されるまで八百年以上持続）が、カール大帝以来のヨーロッパの二中心構造は解消するどころかますます鮮明の度を加える。世俗の権力を握る皇帝と、民衆の信仰をとり仕切る法王、このまったく異質の強大な二権力はそれぞれの支配構造（地方行政組織と教会教区組織）を争奪しつつ、利用し合いつつ、妨害しつつ、そして互に協力しつつ、まことに微妙な効果を発揮する「楕円的二中心世界」を構成して共存していく。

ところでこの十一～十三世紀にわたる約二百年間は単に政治的あるいは宗教的に多彩であっただ

けではない。十二世紀ルネッサンスという言葉があるように、中世文化の花が咲いた時代でもある。中世は「闘う人、祈る人、働く人の時代」といわれる。「闘う人」はいうまでもなく騎士、領主など、戦闘と狩猟に明け暮れる人々、「働く人」は耕す人すなわち農民である。

封建制度を支える三つの身分の第三は「祈る人」すなわち聖職者であるが、彼らは同時に学ぶ人、考える人、読む人、書く人、つまり知識人、文化人であった。その意味で中世の僧院は、その頃創建された大学（ボローニャ大学は一〇八八年、オックスフォード大学は一一七〇年ごろ、パリ大学は一一五〇年創立）と並んで当時のアカデミアであった。

以上中世ヨーロッパに楕円的二中心世界の基本構造ができ上ったことを繰り返し述べた。それは良い意味での一種の相対主義の世界、何事にも相手があるという世界である。問答無用の絶対専制体制とは違う「問答有用」の世界である。正統対異端の、あるいは正統内部での神学論争がさかんで、そのための論理学、弁証術が発達した。これはやがて科学の道具になりうる。また、それまでビザンティンやイスラム世界に継承、保存されていた古代エジプト、ギリシア、ローマの文化がアラビアやスペインを通してヨーロッパへ流れこんできた。そしてその輸入の役割を果したのが、ほかならぬ聖職者たち、すなわちラテン語、ギリシア語、アラビア語、ヘブライ語の読める「祈る人」たちだったのである。ヨーロッパは「翻訳の洪水」に見舞われた。

学僧たちがキリスト教の信仰あるいは神学を「理論」づけるために難解複雑な論証を積み重ねて

造り上げたスコラ哲学はまさに「神学の召使」であって、一見近代科学と無縁の存在、いや科学の「敵」のようにも見える。しかし数百年間にわたってスコラ哲学は中世人に厳しく、かつ体系的な論理的思考の訓練を施した。このことの後世への効果と影響を人は重視すべきである。唯一神――キリスト教は一神教である――の真理性と合理性を確信し、それからすべてを「論理」的に導き出すための論証に明け暮れた中世人の眼が、ひとたび神から自然へ向いたとき、そこに近世人、近代人が誕生する可能性があるからである。本書で筆者が科学技術への道を中世から語り始めたのは、ほかでもない、ヨーロッパ文明のなかに色濃く影を落すこの時代を重視するからである。神学やスコラ学は、それ自体は近代自然科学と無縁なものであろうが、ある意味でそれは「科学の母」であり、「死んで多くの実を結ぶ」に至った「一粒の麦」なのであろう。

さて中世、とくに十二世紀を中心とする中期中世が学芸のルネッサンスであったことを述べてきた。何よりもそれはヨーロッパが皇帝権と法王権を楕円の二つの中心として自らの「ヨーロッパ文化」を自覚した時代である。それは大学とスコラ学を生み、ロマネスク・ゴチックの建築と芸術を生んだ。いま我々がみる壮大なカテドラルはおおむね十三世紀前後に着工されたものである。また中世の教会で歌われたグレゴリオ聖歌と、吟遊詩人たちが都市や城を訪れて歌った世俗歌曲こそヨーロッパ音楽の源泉といわれる。あえていうならば、科学と音楽こそはヨーロッパ文明の二大産物なのである。

ところでこの十二世紀ルネッサンスを物質的に可能にした大きな技術上、農業上の進歩があったことを忘れてはならない(4)。そしてこの十二世紀の技術進歩こそ、より直接に後世の自然科学の発展につながるものなのである（スコラ学の近代科学への間接的効果についてはすでに述べた）。それでは以下に中世の重要な技術革新のいくつかについて略述しよう。

元来中国で発明されたといわれる水車はやがてローマへ伝えられた。しかし、水量豊富な河川に恵まれない古典古代世界に水車の発達する条件はなかった。一方ヨーロッパの風土は水車の普及に最も適していたのである。十一世紀末のイギリスでの調査によれば、台帳に記録されたものだけで六千台近い水車が多くの機械の動力として使われていたという。水車の動力は中世ヨーロッパにおける最大のエネルギーとして、今日の石油や原子力が占めるのと同じ役割を担っていたのである。その地位は遙か後世の産業革命期、蒸気機関が出現するまで揺らぐことはなかった。

キリスト教の隆盛にともない当時多くの僧院、大聖堂が建設されたが、そのための石工技術が大いに発達した。ロマネスク（十二世紀）の聖堂とゴチック（十三世紀）のカテドラルを比較すると、短日月の間に石造建築技術が驚くべき進歩を遂げたことがわかる。

鉄器の普及は十二世紀ルネッサンスの物質的側面を大いに変えた。聖堂建設のための石材切り出し、ならびにその組立には多量の鉄器が消費されたが、鉄はしかし「祈る人」だけに奉仕したのではない。当然のことながら「闘う人」の武器、防具、蹄鉄の主要材料であった。そしてその余恵は

「耕す人」にも及んだ。農機具に鉄が使われるようになったのである。鉄の斧《おの》が登場し、従来の木製の犂《すき》に代って重い鉄の犂が導入されて、森林の開墾と農地の深耕が可能となり、次に述べる繋駕《けいが》法の改良、三圃《ぼ》農法の普及と相まって農業生産力の増大に大いに寄与した。

中世農業技術の進歩のうち特筆すべきものは繋駕法の改良である。それは馬の牽引力を格段に高めた「発明」であった。ギリシア、ローマ時代には馬の首に直接綱を掛けて牽《ひ》かせたという。首を圧迫されてもがく馬の姿勢は多くの絵画、銅像に見るようにまことに勇壮であるが、牽引力は五百キログラムを越えないという。そこで中世人は馬に肩当《かたあ》てをつけ、それに綱をつなぐことを考案した。これによりその牽引力は一挙に数倍に上昇したという。あわせて当時普及した蹄鉄の使用も荒地での馬の歩行をきわめて容易にした。こうして繋駕法の改良は重い鉄の犂《すき》による重湿土の深耕を可能にし、十二世紀の農業生産力を飛躍的に上昇させたのである。

この時代の「農業革命」を可能にしたもうひとつの重要なものはいわゆる「三圃《ぼ》農法」の採用である。これは耕地を冬畑（秋畑）、夏畑（春畑）、休耕地に三分し、三年周期で輪作をおこなう方法である。これにより地力を衰弱させることなく、農地と農業労働力を最も有効に利用することができる。「人造肥料」（それは十九世紀の発明である）を知らなかった中世人にとって三圃農法の採用はまさに画期的な農業技術の革新であり、その後長くヨーロッパ農法の基本となって十九世紀まで続くことになる。

以上が「革新の十二世紀(3)」のスケッチである。

近代をみごもった時代、中世　このような中世の農業革命が産み出したものは単に農産物だけではない。それは新しい文化、ヨーロッパ文明をみごもった(5)。

燕麦などの家畜飼料の増産は馬の増加をもたらし、それまで「闘う人」の専有物であった馬を農耕用にまわすことを可能にした。そのことはふたたび農業生産力の増大に役立つ。そして食糧の増産は人口の増加を誘発する。人口の増加は都市の発生を促進する。中世における都市の繁栄が予想以上のものであったことは、ベルギーの史家アンリ(6)＝ピレンヌほか多くの学者の指摘するとおりである。領主の土地に束縛される農奴の身分を嫌って都市に集まった自由人たちは街の工房で職人となる。「働く人」＝「耕す人」から新たに「作る人」が発生したのである。当時の言葉「都市の空気は自由にする」はこの雰囲気を伝えてくれる。中世都市民の慣習と、彼らが都市民になる際に交した誓約とが近代市民社会の諸原理（民主主義、契約、権利など）の源泉にならなかったであろうか。その意味でも中世なくして近代はないのである。

そして科学の歴史を中世にさかのぼって考えようとする我々にとって、都市の職人の「技術」を見逃すことはできない。ギリシア、ローマでは工作は、いや総じて生産作業は奴隷の仕事であって、上層市民のすることではなかった。安価で豊富な奴隷労働力の上に安住していた古典古代の民にとって「技術革新」の必要はなかった。

中世ヨーロッパには封建制と農奴制はあっても奴隷制はなかった。皇帝と法王のしろしめす中世は、一見きわめて保守的に見えながら、他面では「知」と精神を活動させることのできる——たとえそれが神と皇帝のためとはいえ——世界でもあった。「神へ向けた目を自然へ向ければ近代精神になる」事情について前に一言した。中世の職人社会に即してこの間の事情を考えるならば次のようになる。職人階層の中で大いに発達した手工業技術が僧院のインテリの頭脳と接触する機会は大いにあった。「祈る人」たちは同時に有能な翻訳者であって、古典古代とイスラムの学術を頭にいれていた。技術を「手」にする職人と学芸を「頭」にもつ聖職者が接触するとき、それは「科学」に変貌し得るのである。職人と学僧の接触というような事態は奴隷制のギリシアでは考えられないことであった。

以上、「農業社会からなぜ近代社会が……」、「神学からなぜ科学が……」、「科学はなぜヨーロッパで……」などの設問に答えるための鍵を提示したつもりである。すなわちその鍵とは、中世の都市であり都市の職人であり、中世最高のインテリであった聖職者であり、唯一原理（神）を論証する神学であり、そして何よりも中世社会最大の特徴である楕円的二中心世界の構図である。

かくて「中世暗黒時代」説が速断であり、迷妄であり、偏見であることが知られよう。中世は科学をみごもっていたのである。

2　序章　錬金術——化学前史(1)

本書の目的は、十八世紀に「化学革命」を敢行したラヴォアジエとその時代を語ることである。しかしその化学の革新は不意に出現したものではなく、背後には中世以来千年のヨーロッパ文化の伝統があった。無視して通れないこの「伝統」を語るために筆者は「序章の序章」を設けた。ではいよいよラヴォアジエについて語り始めてよいであろうか。

いや、近代化学が誕生する前には古代エジプト以来の長い長い錬金術の歴史がある。錬金術は脱皮して化学となったが、さればといってこの「術」は決して単なる抜け殻ではない。死んで多くの実を結ぶ一粒の麦のごときものであった。

したがってこの序章の目的は錬金術が後世の化学へ残した大いなる遺産について語ることである。錬金術そのものは、あとで述べるように、ヘレニズム時代を経過して形を整え、イスラム世界で成長、保存されていたものである。それが受容されて発展し、やがて合理的な科学の一分科としての今日の「化学」にまで変貌していくのは中世以降のヨーロッパにおいてである。

この「術」——術そのものは結果として空しい術で終ったが——は、「十二世紀ルネッサンス」を経験しつつあったヨーロッパ世界に本格的に導入され、ルネッサンス期（十四～十六世紀）に大いに繁栄するが、やがて「科学革命」の時代と呼ばれるガリレイ、デカルト、ニュートンの時代（十六、十七世紀）を経過するころ徐々に変貌をはじめる（あのニュートンも錬金術に執着した）。そして十八世紀になると、錬金術の妖術的、魔術的な側面はしだいに消失して、その技術的な側面が新しい科学＝化学の形態をとりはじめる。呪術の集積は不毛であるが、経験の蓄積は科学になりうるのである。

では錬金術の生誕から末路への系譜をたどろう。

錬金術の系譜(7)

今日の化学の原始形態といわれる錬金術（alchemy）は、銅や鉛のような卑金属を金や銀のような貴金属に変換しようという試みである。同時にこの試みの周辺にあった多くの技術と知識の総体を指す。あわせて重病を直す妙薬や不老不死の霊薬を作り出そうという努力も錬金術師（alchemist）の仕事であった。

黄金にたいする人間の欲望は有史以来「悪魔的」なものであった。さらに、黄金を作り出そうという努力の過程で見られる現象――化学反応――が誰の目にも神秘的であると同時に悪魔的であるのは当然である。発光、発熱、発煙、悪臭、香気、燃焼、爆発、発泡、溶解、沈殿、発色、退色……どれをとっても時に魅力的であり、時に恐怖の対象である。錬金術とそれを取り巻くすべてが魔術、妖術、呪術と結びつくのは当然であろう。錬金術から魔術的要素が洗い流されて今日の「化学」になる前に人類は十七、八世紀まで待たねばならなかったのである。

さて、錬金術の系譜をたどるとき、われわれは三つの源泉、すなわち

古代エジプトの原始的な「化学」技術、

古代ギリシアの思弁哲学、

古代東洋の神秘思想

に行き着くという[8]。

古代エジプトにすぐれた冶金術、セラミック技術、ガラス工芸が発達していたことはピラミッドからの発掘品を見れば明らかである。パピルスを作る製紙術もあった。古代エジプトの民はすでに一種の石鹸を知っていたという。また彼らはミイラ製作のための種々の防腐剤や香料の製造技術をもっていたはずである。

きわめて実践的、経験的なエジプトの化学技術に「思索」を加え「純化」して、錬金術に「理論」を与えたのはギリシア後期の哲学者アリストテレスであるといわれる。アリストテレスによれば、事物には「本質」があり、本質はいろいろの「形相」をとって具体化する。本質とは事物の最も純粋な部分である。そしてすべての不完全な金属は完全な金属=黄金に近づこうとする。したがって鉛や錫や銅のような金属の卑金属的な性質を、しかるべき手段によってしだいに純化していけ

ば、最終的にはもっとも純粋な「本質」すなわち黄金にすることが可能である、というのである。あとで述べるように、錬金術思想は千数百年後、中世ヨーロッパへ抵抗なく移植されるが、その理由の一つは錬金術思想のアリストテレス的性格であるという。スコラ哲学や中世神学もまたアリストテレス哲学によって組み立てられていたので、中世人は旧友に、あるいは旧師に出会った気持で錬金術を受け入れたのであろう。

さて、古代エジプト人の経験とアリストテレス哲学の合体だけでは錬金術の神秘性は仕上がらない。アリストテレスの教え子でもあったアレクサンドロス大王は、ギリシア世界をまたたくまに征服したあと、エジプト、メソポタミア、ペルシアから中央アジア、インドにまたがる大帝国を建設して、これらの地域にギリシア文明を拡大した。いわゆるヘレニズム世界の建設である。ヘレニズム化したギリシア美術がインド、唐を経た一千年の長旅の後、奈良の仏像となって残ったことは人も知る通りである。そうであれば中国、インドの神秘思想が逆の路を通ってヘレニズム世界に流れこみ、錬金術の思想となることもあったであろう。

そして、エジプトの技術、ギリシアの哲学、東方の神秘主義、この三つが合流して錬金術が体をなした場所は、ヘレニズム世界の中心アレクサンドリアである。この都は当時の文化の中心として多数の学者、哲学者、職人を集めた。紀元前三〇〇年頃、この都を中心にスタートしたプトレマイオス朝のもとで錬金術は誕生し育成された。そしてこの三つの側面、すなわちエジプト伝来の職人的技術的側面、オリエントの影響をますます強く受けた魔術的側面、そしてギリシア哲学による「理論」化の側面をそれぞれ深めつつ、ローマ、ペルシアの時代を経てしだいに成長、「体系」化した。

やがてこの「術」はイスラム教徒に引き継がれる。それは七、八世紀に立ち上がり、「剣を右手に、コーランを左手にして」またたくまにエジプト、シリア、ペルシア地方と地中海世界を席巻したアラビア人である。アラビアの錬金術＝原始化学が近代化学に与えた影響の大きさは、今日も生きているアラビア由来の化学用語の数々——アルカリ、アルコールなど——を見てもわかるであろう。上記二語やアルケミー（alchemy，錬金術）の「アル」は元来アラビア語の定冠詞（英語の the）であるという。なお上記アルケミーの「ケミー」はギリシア語のキメイア（注ぐ、煎じる）あるいはヒエログリフ（古代エジプト語）のクミ（黒い土）であるといわれる。今日の化学（chemistry）の原語も同じ系統の語である。

イスラム教徒は、強大な武力で周囲を征服しつつも、前代の文化、他民族の文化に対して寛容であった。イスラム世界はヘレニズム文化の溜池となり、ギリシア、ローマ、シリア、ペルシア、アラビアの文献が氾濫した。当然のことながらそこは錬金術をさらに焼成する一大るつぼともなった。それは九世紀ごろのことである。そのころヨーロッパではゲルマン族の王たち——たとえばカール大帝——がようやくキリスト教に改宗、古典古代の文化を吸収し始めていた。そしてイスラム世界はヨーロッパにたいし「先進地帯」だったのである。

十世紀のイスラム世界にはアル＝ラージー（ラーゼス）と呼ばれる偉大な医師兼錬金術者があらわれ、アラビア錬金術の体系化と「化学」への変貌に重大な貢献をした。そして十一世紀には、イスラム錬金術の大成者であるイブン＝シーナー（アヴィケンナ、アヴィセンナ）があらわれる。彼は卑金属――→黄金の変換の可能性を疑ったといわれる合理的思考の持主である。十七世紀イギリスの「懐疑的化学者」ロバート＝ボイル（本章後述）の遙かなる先達がすでに十一世紀イスラム世界に存在したのである。

そして、アラビア科学は新しい後継者を見出すことになる。それがいま触れたヨーロッパである。

ヨーロッパ中世の錬金術

やがてヨーロッパに十二世紀ルネッサンスの花が咲きはじめる。十字軍の兵士たちは東方のイスラム世界に珍しい知恵と文化が満ちていることを見て帰った。僧院の「祈る人」（読む人、学ぶ人）をはじめとして、中世都市の教養ある市民たちの間に、イスラム文化へのあこがれが拡大し、「翻訳の洪水」といわれる状況が出現する。それは古典古代の文物への欲求であると同時にアラビアの錬金術の受容でもある。そしてイスラムの文化は、遠く東方へ行かずとも、すぐそばのスペインに充満していた。スペインは当時サラセン人に占領されていたのである。

十三世紀になると、いくつかの大学が創設される。大学は僧院とならんで新しい知的中心となった。中世の大学では文法、論理学、修辞学、算術、音楽、幾何学、天文学などがいわゆるスコラ学の体系のなかで教えられたが、さらに医学、薬学、そして「錬金術」も対象になったという。

十三世紀のアルベルトゥス＝マグヌスは中世を代表する神学者、哲学者、「科学者」であった。彼とその弟子トマス＝アクィナスが中世カトリック神学、スコラ哲学の大成者、確立者であることは周知の通りである。マグヌスは錬金術にも深く傾倒していたが、黄金への変換という思想には懐疑的、批判的であったという。この点では彼はイスラムのイブン＝シーナーの後継者といえる。

マグヌスのわずか後輩にあたるロジャー＝ベーコンは中世最高の「合理主義者」、「リベラリスト」のひとりである。彼は自然の直接観察と実験を重視し、自由で合理的な思考を愛したという点で、身は十三世紀にありながら眼は遠く近世、近代を俯瞰していたといえよう。彼もまた錬金術に大いに興味を示し、とくに、実用的、実験的な錬金術に深い関心を示したという(7)。

しかしヨーロッパ中世の錬金術者たちがみなマグヌスやロジャー＝ベーコンのように着実、冷静であったわけではない。とくに十四、十五世紀になると法王権は失墜し、疫病（ペスト）の流行、打ち続く戦乱（百年戦争）、農民の暴動など、民衆を絶望の淵へ突き落とす事件が相継ぎ、人々は魔術、妖術、呪術に一瞬の希望を見出そうとする。一方、商業の興隆と貨幣経済の普及のなかで領主たちはおのが金庫を富ますため、またその窮乏を救うため、争って錬金術を奨励し、「金《きん》」を作り出せと命令する。そのような世相のなかで、数多くの狂信的な、いかがわしい錬金術師がはびこったことも事実である。彼らは、卑金属を黄金に換え、あるいは疫病を瞬時に治癒し、そして不老不死を約束する霊薬を創造しようと必死になって働いた。この霊薬を「賢者の石」あるいはエリキサー（elixir）と呼ぶ。この語もアラビア語起源といわれる。

やがて「理性の時代」、十六、十七世紀がきて錬金術は少しずつ変貌を始める。

過渡期の人々—錬金術から化学へ　ヨーロッパ近世は「光の時代」、「科学革命の時代」といわれるが、一方宗教戦争と魔女狩りの嵐が荒れ狂った時代でもある。光あるところ必ず影がある。

錬金術も依然として姿を消してはいなかった。しかし、ルネッサンスで花開いた古典復興の風潮はヨーロッパ人の心を神学とスコラ学の呪縛からおもむろに解放しはじめた。そして、「自然は生きもの」とするアリストテレス的な合目的有機体論や、「自然は魔物」とする東方の神秘主義のほかに、「世界は機械仕掛」とする機械論的世界観と、宇宙における「数理」の支配を主張するプラトン的立場もまた多くの学者を引きつけた。コペルニクスの地動説や、ガリレイ、ケプラー、デカルト、ニュートンによる力学的（機械論的）自然観の樹立は近世科学の大きな成功であろう。

しかし一方、発熱、発光、燃焼、爆発などの「悪魔的」な現象をともなう化学変化の研究が、力

パラケルスス

学のように「うまくいかなかった」のも当然であろう。ニュートンは錬金術に異常な執着を示したが、その力学のように美しく仕上げることはできなかった。錬金術の近代化学への脱皮は力学や物理学よりも約百年遅れて進行する。そこに多くの過渡期の人々を生みだしながら。

十六、十七世紀に錬金術から近代化学への橋渡しをした二、三のすぐれた人々を列挙しよう。

パラケルスス（一四九三〜一五四一）は魔術的でない、現実的、実際的な錬金術の道を選んだ。彼もまた霊薬「賢者の石」を探し求めたが、それは魔術的な秘薬ではなくて今日の医薬に当るもの、すなわち特定の病気を治療する物質であった。その意味で彼の歩んだ道を単に錬金術とは呼ばず、「イアトロ化学」（医化学）と呼ぶ。「イアトロ」は医師を意味するギリシア語に由来する。パラケルススは錬金術に片足を入れながら、近代化学へ向かって一歩片足を出した人である。彼は、万物が火、水、土、風（空気）から生じるというアリストテレスの四元素説を批判して、硫黄、塩、水銀の三原質を考えた。これらは精神、霊魂、肉体をあらわす。やはり彼は依然として錬金術者でもあったのである。

パラケルススの後継者ファン＝ヘルモント（一五七七〜一六四四）も錬金術者で「賢者の石」の

存在を信じたが、同時にフランシス＝ベーコンの新しい経験主義哲学やウィリアム＝ハーヴェイの血液循環説、ガリレイの新科学思想などにも傾斜したという。まさに過渡期の人物である。彼はギリシア語のカオス（混沌）にならってガス（gas）という語を発明したが、気体を意味するこの語は後に十八世紀に、本書の主題であるラヴォアジエによって広く用いられ今日に至っている。ファン＝ヘルモントは空気だけが元素ではないとして、今日の炭酸ガスにあたるものを発見している。当時は空気も炭酸ガスも「空気」という「元素」であった。

十七世紀後半期、一六六一年に『懐疑的な化学者』という一書を著わして錬金術に決定的な打撃を与えたのは、気体にかんするボイルの法則、あるいはボイル－シャルルの法則で知られるロバート＝ボイル（一六二七～一六九一）である。彼は機械論的自然観の立場に立った徹底的な粒子論者で、アリストテレスの四元素説ならびにその哲学に由来する錬金術、さらにはイアトロ化学者の三

ファン＝ヘルモント

原質説を排撃して、すべての物質は基本的な粒子から成り、この基本粒子の運動と集合状態によってさまざまの元素が生じ、その元素から諸物質が生じるとした。この基本粒子＝原子の考えは、近代の化学的元素（ラヴォアジエ）や化学的原子（ドルトン）の概念には遠いが、ギリシアからイスラム、中世ヨーロッパを通じて生き続けたスコラ的、神学的、錬金術的物質観を打ち破るのに大きな寄与をし

ロバート＝ボイル

た。いよいよ古い化学は近代へ足を踏み入れるのである。それはもはや秘術の色濃い錬金術ではない。

錬金術の遺産は何か

卑金属を黄金に換え、万病をたちどころに治し、不老不死を約束する「賢者の石」(philosopher's stone) を求めて苦闘する錬金術者の夢は結局失敗と愚行の歴史に終った。そして多くの錬金術師は妖術者、魔術師であったし、王侯貴族の物欲に寄生する詐欺師たちであったろう。

しかし一方、冷静で客観的な実験家、観察者たちもいた。今日化学変化、化学反応とよばれる複雑な現象、すなわち「物質の変化」という不思議な過程に注目し、その変化の背後にある原理、原則をさぐる人々である。彼らは黄金に執着するかわりに諸物の変態（メタモルフォーゼ）そのものに興味をもった。

「理性の時代」十七世紀がきたとき、明証と分析を武器にしてスコラ哲学に戦いを挑んだデカルトは『精神指導の規則』第四則でこんなことを言った。「人間は盲目的な好奇心に捉えられている。すべての化学者が好運だけをたよりにしている。こういう無秩序な研究や不明瞭な省察によって精神が盲になるにきまっている。暗闇に慣れた眼は明るい光に堪えられなくなる。」

こうして近世の新しい気質のなかで錬金術は次第に衰えていったのである。

ここで最後のまとめをせねばならない。序章の序章で「中世は科学をみごもっていた」と言った。では錬金術は何を残したか。

それは無数、膨大な実験結果（経験と観察）の集積である。妖術者が実行しようと、科学者が実験しようと、そこに生起した事実は事実である。千数百年にわたる錬金術の実践のなかでランダムに、あるいは系統的に蓄積された諸物質の知見、諸化学反応の知識は、近代化学の発展にとって必要不可欠な栄養となったのである。いな、あえていうならば、錬金術の諸経験を整理し，体系化したものが近代化学なのである。

これがこの序章のまとめである。

さてようやくラヴォアジエの登場する十八世紀となった。

II 青年ラヴォアジエ 化学革命へのりだす

1　アンシアン・レジーム末期、ラヴォアジエ誕生

フランス革命以前のフランスの専制社会、いわゆるブルボン王朝の治世をアンシアン・レジーム（Ancien Régime）すなわち旧制度、旧体制と呼ぶが、ラヴォアジエ（Antoine-Laurent Lavoisier, 1743～1794）が生きたのはその旧体制の末期、フランス革命前期から革命にかけての時代である。それは政治的には絶対主義、絶対王制の時代であり、社会経済的には重商主義、重農主義の世であり、思想と文化の面では十八世紀フランス啓蒙主義の時代である。そこでラヴォアジエをとりまいた時代の状況を概観しよう。

絶対王制の時代　ヨーロッパの十七、十八世紀は「絶対王制の花ざかり」の時代であった。絶対主義とは奇妙な政治制度であった。常備軍をもち、全国に張りめぐらした官僚組織と徴税組織を備えているという点では一見したところ近代の国民国家に似ているが、権力の内実は、強力な国王と聖職者（教会）、貴族の三者の妥協の産物である。その意味で絶対王制は、中世の封建制と近代国家の制度の中間にあるもの、あるいは封建国家の最終形態のものといってよか

ろう。絶対王権の具体例をあげるならば、イギリスのヘンリー八世やエリザベス一世女王、フランスのルイ十四世、オーストリアのマリア゠テレジア、ロシアのピョートル大帝やエカテリナ女帝などである。なかでもフランスのルイ十四世は絶対主義君主の典型、「動く絶対主義」とよばれる。彼は王権神授説をとなえ、『朕《ちん》は国家なり』と称し、「太陽王」（le Roi Soleil）とよばれた。彼が息を引きとったとき、宮廷と国民はホッとした、という。

絶対王権の標本としてルイ十四世をだしたが、フランスの絶対主義については次節以降でやや詳細に語ることとして、まずここではヨーロッパの絶対王制についての一般的知見をまとめておこう。絶対王制が花咲いた十七世紀を中心とする時代は近代前期あるいは近世とよばれる。そして近世とはどんな時代であったか。

まず近世は宗教戦争の時代である。十六世紀初頭、「免罪符売り」などにあらわれたローマ教会の腐敗を見て立ち上ったルッターやカルヴァンによる宗教改革運動については周知のとおりである。やがて一五七二年、サン゠バルテルミー（セント゠バーソロミウ）の夜のユグノー（フランスの新教徒）虐殺などに端を発した宗教戦争が本格的に始動した。世にいう三十年戦争（一六一八～一六四八）である。ほぼ全ヨーロッパの君主を巻きこんだこの戦乱は、主戦場となったドイツの人口を三分の一にし、そしてドイツ農村の六分の五を破壊してようやく終結した。三十年戦争はウェストファリア平和条約で人類最初のブルジョア共和国、すなわち「王様」のいない国オランダを生んだが、一方フランスでは王権の強化と絶対王権の成立を助長した。フランス絶対主義は宗教戦争を踏み台にしたのである。

そして近世はマニュファクチュアの時代、資本主義の芽生えの時代である。農奴・封建制の中世からルネッサンス期に入ると商業が興隆した。それは問屋制家内工業と商業資本の時代であったが、やがて近世へ時代が移ると産業資本主義の萌芽とよぶべきものが登場する。ルネッサンス期の問屋が道具と原料を職人に前貸しして小規模家内工業の形態で商品を生産させたのにたいし、近世の大商人は、道具と工場を私有し、多くの職人を工場に集めて大量の商品を生産させた。これをマニュファクチュア（manufacture, 工場制手工業）という（「機械」の導入による本格的な大量生産のスタートは、次にくる十八、十九世紀の産業革命期のことである）。

ここに登場した大商人の多くは領主あるいは国王から、工場立地や職人集めの面で各種の便宜や特権を授与されたいわゆる特権マニュファクチュアの経営者である。そうであれば彼らは絶対王権を支持することはあっても離反することはない。絶対主義は教会勢力、貴族層と国王との妥協の産物と前に記したが、もうひとつの構成要素として大商人あるいは特権マニュファクチュアを加えるのがよかろう。つまり絶対主義とは大商人、封建貴族、教会と国王との妥協、相互利用の産物で、半封建・前近代的性格のものである。それはやがて市民革命と対決することになる。

近世は海上権がスペイン、ポルトガルからオランダ、イギリス、フランスへ移った時代でもある。

そして絶対王政国家の経済政策はいわゆる重商主義とよばれるものであった。国内産業を保護し、植民地を獲得し、輸入を抑え輸出を進め、貿易差額を大にして国富を増加させようとする。ルイ十四世のもとでのコルベールの政策などがそれで、「コルベール主義」は重商主義の別名ともなった。ここでもまた特権貿易商が絶対王権と相互利益をわかちあったのである。イギリス東インド会社がそのよい例である。

ルネッサンス期に続いて近世は新思想、新文化の展開の時代である。十七世紀初頭にあらわれたセルヴァンテスの『ドン・キホーテ』はバイブルに次ぐ読者をえたといわれる。性格悲劇の完成者シェークスピアの作品は人類全体の永遠の財宝となっている。ミルトンは『失楽園』で敢然と楽園をあとにする近代人の意気を描いた。また美術、音楽の領域ではこの時期はバロックの時代といわれる。美術ではルーベンス、レンブラントがわれらの眼底にあり、音楽ではコレルリやヴィヴァルディ、そしてやがてバッハが耳の奥に響く。ルイ十四世がヴェルサイユに建てさせた大宮殿もバロック様式の建築である。

そして思想、哲学界ではイギリスのフランシス＝ベーコンが帰納法を唱えてイギリス経験論哲学の祖となり、フランスではデカルトが演繹にもとづいて理性を導く『方法の序説』を書く。彼らの説く「帰納」と「演繹」は近代科学の基本原理となって今日にいたるのである。スコラ哲学を粉砕しようとしたデカルトをさして後にヘーゲルは「哲学史上の英雄」と賞讃した。

一方、近世は「科学革命」の時代といわれる。前世紀のレオナルド＝ダ＝ヴィンチ、コペルニクスのあとを受けてガリレイ、ケプラーらが物体と天体の運動を着実に観察、やがてニュートンが、地上の物体と天空の星の運動を一挙に解明する原理に到達する。

当然のことながら、絶対王制の君主たちが、そして君主をとり巻く大臣たちが以上の状況に無関心であるはずはない。彼らは学芸の奨励にのりだすのである。絶対主義はすべてを国王に集中させる。こうしてこの時代に国立＝王立の学会が各国に設立され、科学者と文人の組織化がおこなわれる。一六三五年に「ブルボン絶対王制の番人」リシュリューの提案でルイ十三世がアカデミー・フランセーズを設立した。一六六二年にはイギリスに王立協会が生まれ、一六六六年にはルイ十四世によりフランス科学アカデミーが設立される。この三者は現存する。ラヴォアジエはこの科学アカデミーを拠点にして活動することになる。

「科学革命」の世紀十七世紀はニュートン力学の出現で頂点に達する。力学的（機械的）世界観、つまり「世界は、宇宙は、機械仕掛」とする自然観である。天体は静かに機械仕掛のように運行する。

では、錬金術者たちが千年以上も苦闘してきた相手、燃焼、爆発、発熱、発光、その他もろもろの「化学現象」とは何か。これはニュートンの力学では処理できない。

それこそ物理学や力学よりも百年遅れた十八世紀に化学者たちが、なかでもラヴォアジエが「化学革命」と呼んだ行動のなかで解明していく問題なのである。

フランス絶対王制――アンシアン・レジーム　文芸、美術の領域を別とするならば、産業、経済の面ではドイツ諸領邦国家はいささか後進的であった。したがってドーバー海峡をはさんで対峙するイギリスとフランスは当時のヨーロッパの二大先進国であった。しかし近世から近代へ向う過程でこの両国はかなり異った道を進んだ。

イギリス絶対王制は清教徒革命（イギリス革命）、名誉革命の二つの市民革命によって、フランスにおけるよりも百年早く崩壊し、そして経済社会はいち早く封建遺制を脱して近代的な「下からの」産業革命を実現しつつあった。

一方フランス絶対王制は十六世紀末アンリ四世の時代に成立し、ルイ十三、十四、十五世を経てルイ十六世治下の一七八九年、フランス革命により崩壊した。この二百年間をフランス史ではアンシアン・レジームという。大革命により克服された「旧体制、旧制度」という意味である。その概観をしよう(9)。

経済面でみた場合、ヨーロッパの十六世紀は好況期、十七世紀は不況・停滞期、そして十八世紀は再び好況の世であったという。してみれば、フランス絶対王制は好況期に成立し、ルイ十四世は不況・停滞期に強力な王権を樹立、そしてこの権力は好況期に解体したことになる。以下にみるように、ラヴォアジエほか多くの科学者が活躍した十八世紀、ルイ十六世の時代は産業と文化の繁栄した世であった。フランス革命前後におこなわれた大事業、たとえば『百科全書』の出版や、革命政府がほぼ独力で敢行したメートル法の制定（V編2章）などは衰亡の世の成果では決してなかろう。十八世紀には実力があった。

十七世紀の停滞期にあっては、その対応の仕方においてイギリスとフランスには大きな違いがあった。前述したようにイギリスはフランスよりも百年早く市民革命、産業革命を開始し、近代化を進めていた。しかしフランスでは、停滞期を乗り切ろうとする「太陽王」ルイ十四世はしぶとく絶対王制を維持するどころか、さらに拡大、整備して「絶対王制のお手本」を作りあげたのである。イギリスでは近代的な工業がスタートしようとしているのに、コルベールの指導するフランスは重商主義の国であった。イギリスが工業産物で国を富まそうとしているときに、フランスは関税収入に執着していた。ルイ十五、十六世の時代は経済的上昇期にあったというが、ここでもイギリス型の近代化は進まなかった。反対に「封建遺制」と呼んでよいような制度が絶対王権に保護されて横行していた。その二、三を記しておこう。それはラヴォアジエの生涯と無関係ではない。それどころか、彼にギロチンによる刑死という運命をもたらすのである。

前近代的制度のひとつは特権マニュファクチュアである。前に記したように、機械登場（十九世紀）以前の近世における大量生産制度は大商人による大規模な工場制手工業であった。絶対王権と結びついた大商人には多くの特権が与えられていた。立地条件のよい土地を与えられ、よい職人を集め、さらには職人を拘束し、処罰する権限（私刑権）すら与えられていたという。

アンシアン・レジームでは官職の売買は一般的であった。官職は一種の利権となり、利権化された官職は譲渡・売買の対象、相続家産の要素となった。国王は財源を求めて官職を新設し、これを競売に付するという売官政策をとった。富裕市民は貴族にもなれた。

「旧制度」のなかでとくに悪名高いのは徴税請負制である。租税は一般に直接税と間接税に大別される。直接税は対人税で、今日の所得税、相続税、財産税にあたるもの、間接税は流通、消費に対するもので塩税、ぶどう酒税、パリへの入市関税、輸出入税、さらには生産品への検印税など多種多様にわたる。

アンシアン・レジームの徴税体系では、直接税は政府直轄の徴税役人が司教区、聖堂区の指導者と協議して税額をきめ、収税吏により税は国庫に吸収される。これら全ては王命による。王と教会による、まさに絶対主義的な収奪である。

さらに注目すべきことは、間接税徴収が徴税請負制にゆだねられていたということである。国王の組織は直接税を担当していたが、複雑多岐にわたる間接税の徴収は徴税請負人と称する人々がおこなっていた。ルイ王朝末期の国王は財政の危機にさいし、税の前払い的上納を要求し、それに応ずるために徴税請負人たちは強力に行動した。かくて旧体制末期の民衆の眼には、敵は国王である前にまず徴税請負人であり、それは「諸悪の根源」となった。

前記したように、そしてあとでまた記すように、ラヴォアジエはこの役職に専念した。彼が暴力的に徴税をおこなったかどうかにかかわらず、ひとたび革命という暴力が起これば、「諸悪の根源」に変りはないのである。革命裁判所は彼をギロチン台へ送った。

十八世紀フランス啓蒙主義

多くの矛盾を内包した絶対王制ないしアンシアン・レジームが限りなく安泰であったわけではない。ドーバー海峡の彼方からは新しい思想の外圧が、そしてフランス国内では啓蒙思潮の奔流が絶対王制に襲いかかっていた。

ラヴォアジエの誕生前にすでに大きな潮流となり、そして活動期の彼の思想と言動に重大な影響を与え続けた十八世紀フランス啓蒙主義に一瞥を与えておこう。

啓蒙主義はフランスを主舞台にして展開された近代思潮であるが、当然のことながらこれにはイギリスというお手本がある。フランスよりも百年早く市民革命、産業革命を遂行したイギリスは近代市民社会を創りだすうえで先進国であった。

「先進的な近代市民社会」の気質とは何か。それは伝統的な権威や偏見や俗信から解放された理性をさす。そこでは批判的でかつ自由な思想態度が確立され普及している。それは当然に反封建的で、専制主義や既成宗教のドグマを批判する。人間理性を確信し、理性的な個人が自由に討論しあえば合理的結論がえられ、これにより社会は合理的に進歩するはずであるとする。これが新しいイギリスの政治思想であった。

一方先駆的な哲学思想としてイギリス経験論があった。認識の源泉を先験的な直観に求めず、もっぱら経験（感覚）に求めるもので唯物論にもつながるものをもつ。この立場は遠くフランシス＝ベーコンに始まり、ジョン＝ロック、バークリ、ヒュームなどにより主張された。ジョン＝ロックの政治思想は社会契約説で、三権分立、国民主権を唱え、名誉革命を支持するなどしてイギリスの新興市民層の意識を代表した。

これらの思想がアンシアン・レジームのもとで苦悩していたフランスの知識人を引きつけないはずはない。デカルト的理性は観念論的であるとはいえ、その徹底性のゆえにフランス的知性の支柱となっているが、この伝統がイギリス啓蒙主義・経験論と結びつき、いっそう徹底化されて近代的世界観として確立された。それがフランス革命となって現実化し、人権宣言に結実したことはよく知られているとおりである。

フランス啓蒙主義を代表する人物を引例するならば、ヴォルテール、モンテスキュー、ディドロ、ダランベール、コンディヤック、ルソーらがあげられる。このうち哲学者のコンディヤックは本書の主題であるラヴォアジエの科学思想の形成に深くかかわり、きわめて重要な意味をもっているので、後章でさらに触れることとなろう。

さて、ラヴォアジエの誕生は近い。生まれくるラヴォアジエが吸うであろう空気は十八世紀後半のフランスの空気、重圧的なアンシアン・レジームの空気と、嵐のような啓蒙主義の空気の混合気であった。彼はこの空気のなかで成長し、働き、そして刑死した。

ニュートン

ラヴォアジエ生誕

一七四三年八月二六日、ラヴォアジエはパリに生まれた。ルイ十五世の時代（在位一七一五～一七七四）である。世は絶対王制と啓蒙思潮の、すなわち反動主義と進歩主義の厳しく交錯する「るつぼ」であった。

ラヴォアジエの生まれる十年前にヴォルテールは『哲学書簡』を書いてジョン＝ロックの経験論哲学やニュートンの自然観への深い傾倒をフランス人に伝えていた。ラヴォアジエが赤ん坊のとき、ダランベールは『力学教程』で解析力学の基礎を置くと同時に、哲学者としてはフランシス＝ベーコンの道を人々に示した。ディドロらが民衆に真実と真理を伝えようと『百科全書』を刊行するのはラヴォアジエの少年期、そしてルソーが『エミール』を書いて自然人育成を説き、『民約論』により社会契約説を説いて王権神授説を攻撃するのはその青年期のことである。こうして、幼、少、青年期のラヴォアジエの周囲にはすでに啓蒙主義の空気が満ち満ちており、やがて五十年後には激しい乱気流となって絶対王制を打倒するのである。

だがしかしラヴォアジエ自身は最後まで体制側に身を置く。法律を業とする父と、同じく弁護士の娘であった母とのあいだの第一子として生まれたラヴォアジエはやがて名門中学校、コレージュ・マザランで初級教育を受けることになる。同窓の大先輩にはダランベールなどがいたが、ここでは五歳後輩の同窓生であるルイ＝ダヴィッドについて一言しておこう。彼は大作『ナポレオンの戴冠式』や、「フランス美人の典型」といわれる『レカミエ夫人の肖像』で知られるフランス新古典派絵画の巨匠で、門下からアングルほか多数の画人を産んだが、ラヴォアジエ家とのかかわりでも知られる。後に、才媛の誉高かったラヴォアジエ夫人は、夫の実験と研究にあらゆる面で協力したが、絵画の教師がダヴィッドであったことはよく知られている。才能とよき師に恵まれた彼女の画筆はいくつかの作品を生み、夫の化学論文の多くの挿画となって残っている。科学史家にはあまねく知られた、ダヴィッド筆の『ラヴォアジエ夫妻像』はいまアメリカのメトロポリタン美術館にある。

さて再び少年ラヴォアジエにもどろう。名門校「マザラン」で九年間、古典と文芸と数学、科学を訓練された彼は、家族の伝統に従ってやがて法律の資格を取得した。

ダランベール

2　若き英才――そして運命の選択

ラヴォアジエは一七六三年、法律のバカロレア（大学入学資格）を取って二十歳の青年期に達した。しかし彼は弁護士の道を進まないことを早くから家族と友人に納得させたようである。「マザラン」校時代の恩師ですぐれた自然科学者であったラカイユなどから課外授業を受けていた彼は科学の世界で青春彷徨を始めるが、やがてラカイユは死去した。

青春彷徨――やがて化学へ

一七六三年、二十歳のころ、ラヴォアジエは一時植物学に執心したが、これは永くは続かなかったらしい。ついで、ラヴォアジエ家と親しかったすぐれた地質・鉱物学者ゲタールが彼に強い影響を与えた。若いラヴォアジエはゲタールと一緒にフランスのあちこちへ調査旅行に出た。彼の最初の科学論文は石膏《せっこう》についての研究であったという。

やがてゲタールとラヴォアジエはこう考え始める。「明知ある地質学者、鉱物学者であるためには、化学の知識が充分になくてはいけない。岩石や鉱物を正確に分析し、そしてそれらを正しく同定し分類するためには化学を知らなければならぬ」と。そしてゲタールのすすめによってラヴォアジエは当時の人気化学者ルエルの講義に出席するようになった。弁舌さわやかな化学解説者でもあったルエルの、王立植物園の講堂は聴衆で溢れ、そのなかには当代一流の文化人であったディドロ、ルソー、あるいは重農主義の経済学者テュルゴーの姿もあったという。そこで講じられた化学がどんなものであったかは次節でのべることになるが、それはやがてラヴォアジエによって全面的に克服されるものなのである。

彼はルエルのこの「人気講座」だけで満足していたのではない。地質鉱物学の基礎としての化学を学ぶ以上は実験法、分析技術の実力を身につけねばならぬ。そのため彼はルエルの経営する薬局に「徒弟奉公」的に出入して、着実に学習した。結果は石膏《せっこう》の「結晶水」にかんするもので、彼の第一報としてすでに「梅檀《せんだん》は双葉より芳し」というべきものであった。この論文は科学アカデミーの「非会員論文集」に出され、会員の注目を浴びた。

ここで彼の青春のエピソードを語っておこう(10)。それは化学の仕事ではない。

一七六四年、パリ市警察からの賞金提供を受けて、「パリ市街の照明の改良」にかんする懸賞論文を科学アカデミーが募集した。応募したラヴォアジエの論文はこの問題を理論的、実際的、そして歴史的にとりあつかった徹底的なもので、後年の彼の化学論文の迫力を思わせるものであった。事情があって賞金は数人に分割され、彼には渡らなかったが、アカデミーはこの論文とその筆者の実力を正しく評価した。一七六六年四月、科学アカデミーの復活祭公開行事の席で、国王（ルイ十五世）からの金メダルをラヴォアジエは受領した。

ラヴォアジエが化学者であると「同時に一思想家、農政家、行政官であったことを本書は語ろうとするのであるが、この「照明の論文」は彼の「万能選手」ぶりを示す青春のエピソードである。若きラヴォアジエはパリの街を明るく照明しようとしたが、やがて化学全体に明るい光をあてることになる。

ともあれ彼はすでに化学者の道を歩み始めていた。彼の眼前にあった化学、王立植物園のルエルの講座で語られていた化学はどんなものであったか。

そのとき化学は……

ラヴォアジエが化学の勉強を始めたころ、いまだ化学は錬金術から完全に離脱してはいなかった。アリストテレス以来の**四元素説**が依然として多くの人によって信奉されていた。この説によれば、万物は土、水、火、空気という四種の「元素」によって構成されている。四元素の割合が変ることで諸物質があらわれ、またその割合を変えることにより物質間の転換が可能であるという。この理論によれば空気は元素である。水も元素である。後にラヴォアジエが、空気は二種の気体（今日の酸素と窒素）の混合物であり、水が水素と酸素の化合物であることを実験的に確認したとき、アリストテレス四元素説は決定的な敗北をする。ギリシア以来の思弁的自然学は十七、十八世紀の科学思想によって克服されていくのである。

モーツァルト（一七五六～一七九一）はラヴォアジエよりも十数歳若い同時代人である。彼がシカネーダーの脚本で作ったオペラ『魔笛』の終幕近い第二十八場に「火と水と空気と土によって浄化される」という意味の歌詞がある。これは芸術作品なので、作家は故意に詩的な用語をもちいたのであろう、との意見もあろうが、当時の化学界ではこれが「詩」ではなく「真実」として受容されていたのである。シカネーダーはかなりの教養人？

もちろん、四元素説を「詩」にすぎないと批判した先覚者もいた。「錬金術の息の根を止めた」ロバート＝ボイルはすでに十七世紀後半に四元素説ならびにパラケルススの**三原質説**、すなわち万物は水銀、硫黄、塩よりなるとする説を否定している。ボイルによれば、「元素」はそれ以上分解できない本質的物質のことである。ラヴォアジエの元素やジョン＝ドルトンの原子につながるボイルの原質観はラヴォアジエの時代（十八世紀）がきても、当初は支持されなかった。

燃焼とは何か——フロジストン説　光と熱と火炎を発する不可思議な現象、燃焼が古来多くの錬金術者を魅了し、恐怖させてきたことについては前にも言及した。その本質を解明することはいわば人々の「ホット」な感動に根ざす要求である。一方「理性の世紀」十七世紀の知識人は、化学現象の全体を整理し体系化する「理論」をさがし求めていた。四元素説や三原質説も「理論」には

シュタール

ちがいなかったが、観念的、直観的、神秘主義的で、近世に芽ばえた経験主義の思潮、合理主義の潮流に満足をあたえるものではなかった。その要求は魔術的自然観を克服しようとする「クール」な指向でもある。

この「ホット」でかつ「クール」な要求に答える化学理論として十七世紀後期から十八世紀初期にかけて形成され、十八世紀後期にラヴォアジエによって「粉砕」されるまで、ほぼ全ヨーロッパの化学界を支配したのがフロジストン理論である(11)。

一六六九年、ドイツの医学者ベッヒャー（J. J. Becher 1635～1682）はパラケルスス以来の三原質説に修正を加えたが、さらに燃焼についての新説をのべた。すなわち、可燃性物質には「油性の原質」なるものが含まれ、燃焼にさいしてはこの原質が逃げだす、というのである。

やがて一七二三年、ベッヒャーの弟子シュタール（G. E. Stahl 1660～1734）はベッヒャーの燃焼の説をさらに発展させ、体系化した。シュタールは、燃焼を担う原質として「油性の原質」のかわりに「フロジストン」（フロギストン phlogiston）なるものを考えた。アリストテレス自然学にちなむギリシア語から作られた語で、「燃えるもの」という意味をもっており、「燃素」と訳されることもある。シュタールによれば、燃焼にさいして火炎、熱、光を発しながらフロジストンが離脱していく。木を加熱すれば炎と熱と光を発して燃素が放出される。木には大量のフロジストンが含まれているから燃焼によってそれを失なえば大いに減量し、あとに少量の灰が残る、と考える。つまり式で示せば

木　材－フロジストン＝灰　（減量）

となる。この素朴で感覚的な説明は錬金術者の「経験」にも一見よく適合し、「合理的」な燃焼理論として全ヨーロッパの学者に歓迎され、ラヴォアジエの正解が出るまで約五十年間化学の定説となった。誤解のないよう、ラヴォアジエの正解、すなわち現代のわれわれの知識を前もって記しておくならば

木　材＋酸　素＝炭酸ガス、水、灰　（増量）

である。ここに至る経過を追うのが本書の主題なのである。酸素はまだ未知であった。

フロジストン説は「合理的」な化学理論として、物質の化学組成や多くの化学反応、化学変化の過程の説明にもちいられ、さらには製鉄、冶金術などの技術を導く理論ともなった。しかしながら、万能の武器と考えられたフロジストン概念もやがてひとつの困難、矛盾、パラドックスに逢着する。それは重量――正しくは質量――の問題である。

十七、十八世紀の自然学者は各種のいわゆる「不可量流体[12]」に注目した。火、フロジストン、電気、磁気、熱などである。これらの「物」の重量は「有って無きがごとし」と考えられていた。

人は、これらのものの重量には無関心だったと言った方がよかろう。エネルギーの概念が未成熟であった当時は、これらの「もの」も物質だったのである。これらはきわめて微細な粒子で、重量は検出できず、どのような細孔にも流入することができると考えられた。

やがて十八世紀も後半に入る。化学変化、すなわち重量をもつ物質の反応と変化を考える化学者にとって重量は重要な指標となる。イギリスのジョゼフ＝ブラックなどが「天秤で目方を測る研究法」の先駆者とされるが、ここでもまたラヴォアジエが決定的な役割を果す。それは後の章の話題である。ここではまず「序曲、フロジストン説の背理」を語らねばならない。

さっき示した木材燃焼の化学式（？）をみてほしい。木が燃え、大量のフロジストンを失って少量の軽い灰が残る。したがってここで離脱したフロジストンは明らかにプラスの重量をもっているはずである。

ところが、金属を焼いて灰にするプロセスを、重量を測って追跡すると困った結果が出てきた。灰（今日の酸化物）の目方が元の金属よりも重かった（！）のである。式で書けばこうなる。

金　属－フロジストン＝灰　（増量！）

フロジストンが抜けだしたのに、残った灰はかえって重くなった。ということは、この場合フロジストンはマイナスの目方をもつことになる。木材から出るフロジストンは常識的なプラスの目方、そして金属から出ていくフロジストンはマイナスの目方とは!?

読者が混乱しないよう、今日の化学の知識で書けば

金属＋酸素＝灰（金属酸化物）（増量）

となる。当然のことである。これこそラヴォアジエがフロジストン説を打倒して確立した新しい——すなわち今日の——化学理論の結果である。

ともかく十八世紀後半の段階ではこの、負の重さの（「正の軽さ」の）フロジストンの問題は多くの学者を混乱におとしいれた。フロジストン理論を確信する人は「負の重量をもつ燃素があってもかまわない」と強弁した。

ともあれ、このような致命的な問題点はあるにせよ、フロジストン理論は、化学の近代化の歴史における最初の理論らしい「理論」ではあった。単一の原理から演繹し、単一の原理をもちいて化学のできるだけ広い範囲をカバーし、整序し、「説明」したという意味で。

この致命傷にメスをいれ、治療し、全快させる偉業を達成したのがラヴォアジエである。

運命の選択——徴税請負人に　国王からの金メダルに輝き、すぐれた研究論文を発表するなどして科学アカデミーのなかで次第に名を知られるようになった若き英才ラヴォアジエは一七六八年三月、徴税請負人の地位を——はじめは補佐であったが——金で「購入」した(10)。フフンスのアンシアン・レジーム期に横行した官職の売買と、さらに「悪名高い」徴税請負制については前章で

一言したが、ラヴォアジエを死へ追いやった「職業」でもあるので若干補足しておこう。

前記したように、流通税、消費税のような間接税の徴収は徴税請負制（Ferme Générale）にゆだねられており、直接税のみが国の徴税官の手にゆだねられていた。ブルボン王朝の財政が困難になるとともに、間接税への依存度が高くなり、政府――すなわち国王――は徴税請負人（fermier général）に予定税収の前納を要求した。余分に収税すればそれは請負人の所得となった。すなわち「手数料」と称する中間利得である。前納を理由に徴税請負人たちは「早目、早目に、多め、多めに」収税する。この「手数料」、すなわち中間利得は三分の一から五分の一に及んだという。不当な収奪である。

徴税請負人たちは徴税権という公権力を国家＝国王から委託されているから人民は反抗できない。国王公認のもとに人民の血税を吸いとる「蛭《ひる》」とみられていた(10)。この蛭はただ口で吸いつくだけではなかった。鉄砲隊をやとって暴力的に徴収したり、家畜や農器具、工具を没収したり、さらには私刑を加えたり、納税者を拘禁したりしたという(9)。だからこそ徴税請負制はフランス人民の激しい憎悪と攻撃を誘発したのである。

絶対王制は常備軍と官僚と徴税吏にささえられて一見近代的な国家にみえるが、その内実はこのようなものであった。国王は財源を求めて官職の売買を奨励し、さらには官職を新設して競売するという政策まで採用したという。そしていま述べた徴税請負制による矛盾はますます増大した。

貴族や聖職者の家系に生まれず、しかしすぐれた才能に恵まれた下級市民は売官制を利用して金で官職を買い、あるいは徴税請負人の地位を買って財を蓄え、高級行政官、財政担当者となってアンシアン・レジームの社会のなかを次第に昇りつめていこうとする。ラヴォアジエの行動はスキャンダルであると同時に、アンシアン・レジームのなかを泳ぐすぐれた人間の行動の物語でもあろう。

若きラヴォアジエ学士院会員に　徴税請負人の「株」を買ったことは、さすがに科学アカデミー（科学学士院）のなかでもスキャンダルとみられたようである。しかしこの二十五歳の青年の輝くばかりの才能は、常人の倫理の扉、モラルの関門を突破する自由通行証の役を果した。批判する同僚もいたが、「上等の夕食を我々に御馳走してくれるようになるだろう」とこっそり言った人もあったという[10]。

アカデミー内でラヴォアジエを支持する人々がすでに一七六六年、彼の金メダルの件のあと、アカデミーの化学の助会員（adjoint）の候補者にあげてくれたが、このときは結局年長の他者が選ばれた。やがて一七六八年六月、二十四歳のラヴォアジエは科学アカデミーの助会員になった。ただしこの場合も事情によってまず他者が選ばれた。そして国王は、ラヴォアジエを強く推薦したアカデミーの「顔を立てて」定員外の助会員として指名したのである。やがてまもなく彼は正規の会員となる。「若き科学アカデミー会員にして徴税請負人たるラヴォアジエ氏」の出現である。

「国王の官僚にして王立学士院の科学者」としてアンシアン・レジームのヒエラルキーをどこまでも昇りつめていこうとする意欲満々たる二十五歳の青年の東奔西走がいよいよ始まる。彼は徴税請負事務所本部から派遣される地方査察官として巡回した。タバコ工場へいって密売買や脱税を取り締まった。請負人はタバコの専売権をもっていたのである。ただ、この「役人」は役所の仕事だけをしていたのではなかった。若いときから興味をもっていたフランス各地の地質と鉱物を調査した。各所の温泉、鉱泉、河川の水の分析、水質の調査を精力的におこなって自らの学殖とすると同時に、地方都市のアカデミーでその結果を報告した。彼は徴税役人と学士院会員に就任したあとの数年をこのように生きた。二十代の青年である。

3　化学革命の道へ——妻と共に

徴税役人として一日の大部分の時間を過ごしつつ、その「余暇」のすべてを捧げて彼は化学の実験に精励する。彼自身が「化学革命」と自負した道への出発である。若い妻は全面的に協力した。

やがて彼はフロジストン説の打倒を目的とする燃焼現象の研究を開始するが、その前に有名な「ペリカンの実験」をおこなった。

ペリカンの実験　アリストテレスの四元素説については前章でのべた。万物は土、水、火、空気の四元素からなり、「水は土に転化しうる」というのである。ラヴォアジエがアカデミー会員となって化学の道へ進んだころ、この説の信奉者はまだかなり多かった。彼らによると、水を容器のなかで長時間加熱すると、水の一部が土に転化して容器の底に溜まるというのである。

一七六八年、すなわちラヴォアジエが学士院会員となった年の冬から一七六九年にかけて、彼は「ペリカンの実験(13)(14)」と称される研究をおこなった。この鳥に形状が似ているためにペリカンと当時呼ばれたガラス容器に水をいれて密封し、百日余加熱を続けた。たしかに土状の沈殿物がガラス容器の底に溜まった。ここでラヴォアジエが採用した研究方法は、秤量すなわち天秤で重量を測ることであった。結果をわかりやすくいうと、こうであった。ペリカンの減量分だけの重量の土状沈殿が生じていた（水に溶存している固形分は蒸発乾固したあと秤量して土状沈殿に加算する）。要するにこの土状物は、ペリカンのガラスからきたもので、水が転化したものではない。

次章の酸素の話のところで出てくるシェーレという化学者がこの問題を研究し、この場合に生じた土状沈殿がガラスと同じ成分であることを確認したという。

今日からみればペリカンの実験はまことに他愛のないことに思えるが、実は近代化学の歴史のうえで重大な意味をもっていることを次に記そう。ペリカンの底に溜った「土状元素」が「水状元素」の転化物でなく、ガラスの溶けだしたものにすぎないことをラヴォアジエは秤量という物理的手段を採用して、重量を指標にして、証明したのである。当時多くの学者が「不可量流体」の考え（II編・2章参照）に馴れて、重量を無視し、重量に無関心であったことを前に語ったが、ラヴォアジエはここで全く反対に、重量——正しくは質量——に決定的重要性を与え、「天秤で目方を秤る」ことに公理的ともいえる意義を与えたのである。重量変化にもとづいて化学反応、化学変化の内容を追跡するという実験方法は実はラヴォアジエの創始によるものではなく、イギリスのジョゼフ＝ブラック（一七五四）によるといわれるが、これを本格的、系統的、組織的にもちいて錬金術、フロジストン説から化学を「救出」したのはラヴォアジエといってよかろう。その意味で彼はいわゆる「定量化学」の祖なのである。あとで記すように（Ⅳ編・4章）、大革命の年に刊行されたライフ・ワーク『化学原論』でこれを彼は「質量保存則（質量不滅の法則）」として確立するのである。同じく後述するように、「ラヴォアジエの天秤」を信頼する革命政府は彼にキログラム原器の制定を命ずる（Ⅴ編・2章、メートル法の部参照）。

「瓢簞《ひょうたん》から駒《こま》がでる」というが、「ペリカンから近代化学をだした」のは二十六歳の青年科学者であった。要するにペリカンの実験でラヴォアジエは、アリストテレス四元素説に決定的打撃を与えると同時に、定量化学の手法を確立したのである。

結婚―通訳・画工・妻

一七七一年、ラヴォアジエは「同業者」である徴税請負人ポールズ家の娘マリ＝アンヌ＝ポールズ嬢と結婚した。このとき新郎は二十八歳、新婦は十四歳未満で、長身のラヴォアジエと中背で目の美しいマリ＝アンヌとは似合いの夫婦であったという。見た目、外観が似合いであっただけではない。若い妻は、若さにかかわらず、いや若さゆえに全力をふるって夫に協力した。

ラヴォアジエは彼女に「化学」をどのように教えたであろうか。徴税の仕事のことは教える必要がなかったろう。彼女は自分の生家で見ていたであろうから。彼は彼女を実験室につれていき、各種の物品と実験器具の名前や用途を丁寧に説明したという。もちろん例のあの「ペリカン」のことも？　この夫婦には子供はなかったが、彼女にとっては、子供のいない分だけ、夫の「大きい世界」に参加する余力と時間が生じたことになろう。「大きい世界」とは何か。

ラヴォアジエは英語が読めなかったが、当時の先進国イギリスの情報は不可欠である。そこで彼女はラテン語のみでなく、英語を学習した。あとで記すように、「燃焼とは何か」の研究の過程、あるいは「水の組成」の研究の道程で、プリーストリ、キャヴェンディッシュなどのイギリスの化学者の報文を読まねばならぬことになるが、彼女の英語力が有力な通訳の働きをしたことであろう。

ラヴォアジエ夫妻（1788）

マリ＝アンヌは一家の主婦として勤めながら、夫の論文を浄書し、口述を筆記し、化学実験を手伝い、そして研究旅行に同行し、英語論文を翻訳した。そしてまだある。II編・1章末尾で書いたように、後に新古典派の巨匠となる画家ルイ＝ダヴィッドに師事して絵画を学び、手なれた製図家、銅版画家となった。その作品は夫の書物を飾っている。「フランス革命」の年に出版された「化学革命」の書『化学原論』（Traité élémentaire de chimie, 1789）には多数の挿図が含まれているが、

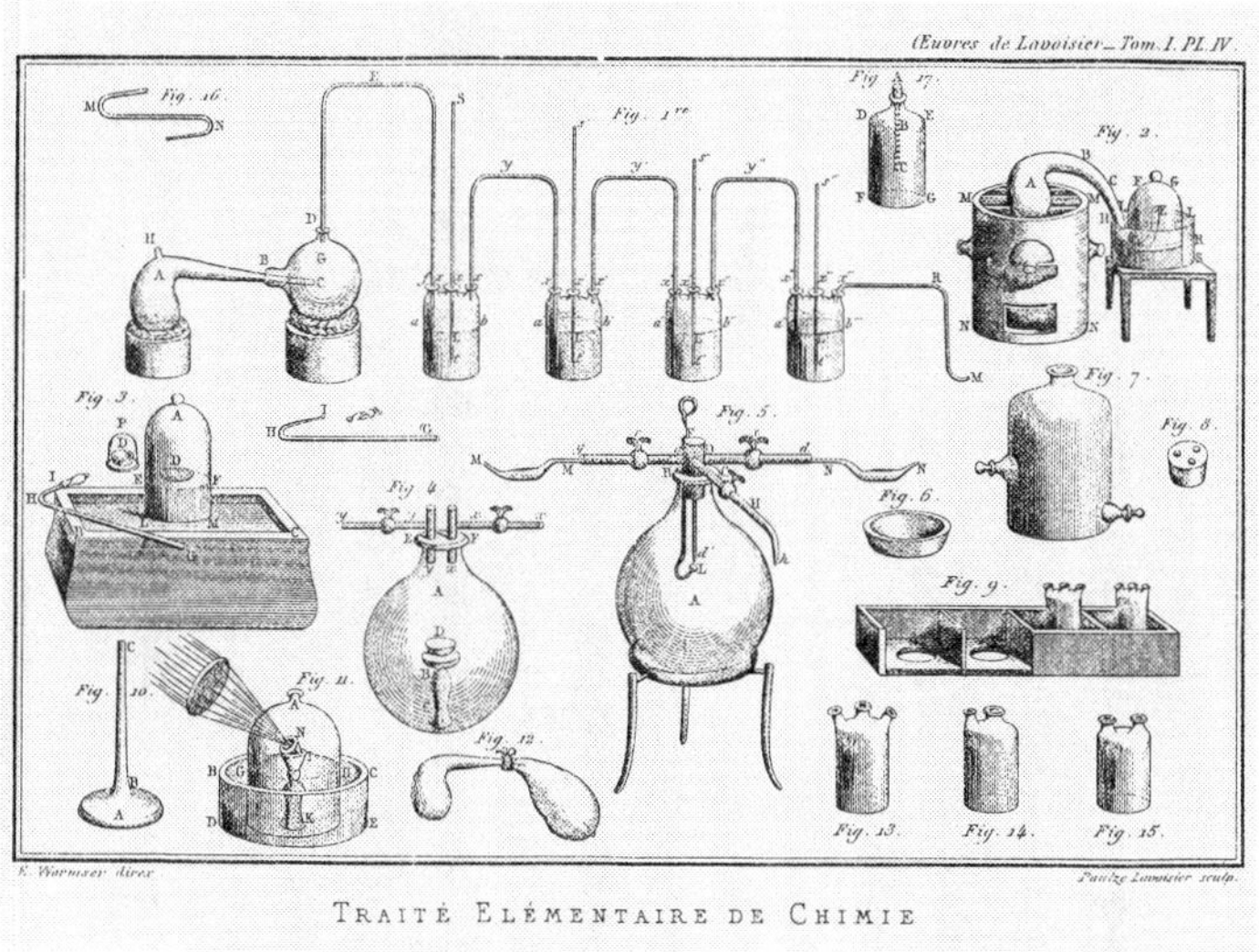

『化学原論』の挿図（ラヴォアジエ夫人作）

それらは彼女の作品で、各図の右下の隅に「ポールズ＝ラヴォアジエ作」との銘が記されている。彼女も夫の新化学建設、化学の革命に参画したのである。

　ところでこの「徴税官兼学士院会員」の日常生活はどんなものであったか。後年にラヴォアジエ夫人が語った「ラヴォアジエの日常生活」を伝記作者が伝えているが、それをここに引用させてもらおう[13]。それはまさに常人の想像を越えている。彼は六時に起床して八時まで化学の研究をする。夕刻七時から十時まで再び研究。そしてその他の時間、すなわち昼間（朝八時～夜七時）と夜十時以降は徴税事務に専念した。後年はこれにさらに火薬監督官の仕事、科学アカデミーの諸会合、諸委員会への出席が加わる。彼はパリの牢獄の改善、病院の改善にも意欲的に取り組んだし、フランス国内とパリの水の問題には若いころから強い関心を示していた。フランスの温泉、鉱泉、河川の水の分析と調査は彼自身の「化学」

の内容でもあった。先刻記したペリカンの実験、すなわち「水は土にはならない。四元素説は誤りである」という論説は、彼が強く執着した「水の研究」の延長線上にあったのである。

脱線して余談になってしまった。彼の超過密スケジュールの日常に話をもどそう。いまのべたように、彼は昼間は「本務」である徴税請負事務所での業務に精励していたのである。そして早朝と夜の「余暇」を全面的に利用して「化学者」に変身していたのである。「化学者ラヴォアジエ」だけのイメージで彼の生涯を考えていた読者は意外の感を強くもつことであろう。このスケジュールを実行する勤勉と、強烈な意志は常人、凡人のものではない。しかし一面彼はやはり生得の化学者であった。週に一日、終日化学の実験に集中、没入したという。この日は「幸せの日」（jour de bonheur）と呼ばれた。

ヒエラルキーを昇りゆく

才女の誉高い妻に助けられながら、そしてなによりも彼自身の意志と精力と才能によってラヴォアジエは、アンシアン・レジームの体制と科学アカデミーのヒエラルキーのなかを次第に上昇していく。地獄、煉獄を通って天国へ上昇するダンテ『神曲』の主人公とはいささか違った道を昇る。ラヴォアジエが昇りつめた所は断頭台であった。

だがしかし処刑台は最後の話題である。いまやラヴォアジエは青年期を過ぎて、最も多産的な壮年期へ進む。結婚の翌年の一七七二年に彼はアカデミーの助会員（副会員）から準会員（associé）に進級した。二十九歳である。さらに上位の会員に進むのは一七七八年、三十五歳のころと言われる。

同じ一七七二年、彼の父が相続可能な貴族の肩書を金で「買った。」絶対王制期の官位売買の横行についてはすでにII編・1章、アンシアン・レジームの部でのべた。やがて一七七五年、父の死亡により巨額の遺産が彼の手に入るとともに、この貴族の肩書が彼のものとなった。フランスでは名前の前に「ド」（de）をつけることによって貴族の称号とする（例　ミシェル＝ド＝モンテーニュ Michel de Montaigne）。こうして彼は三十二歳で、ルイ十六世の貴族アントワヌ＝ローラン＝ド＝ラヴォアジエ氏となったのである。貴族の身分と特権はフランス革命で公式には廃止されたが、今日もフランスでは用いられることがある。現に一九八四年版のグラン・ラルース百科事典ではラヴォアジエの名が Antoine Laurent de Lavoisier となっている。

一七七五年、三十二歳の彼は貴族になるとともに王立火薬管理所監督官に任命される。重農主義（IV編・1章後述）の経済学者としても著名な、ブルボン王朝の大蔵大臣テュルゴーの要請によるという。当時の火薬は硝石、硫黄、炭粉を混ぜた、いわゆる黒色火薬であったが、これこそまさに化学者ラヴォアジエの「守備範囲」で、テュルゴーの人選は正しかったといえる。火薬監督官就任により彼は徴税請負人兼火薬監督官という二重の激務を背負うことになった。そして「余暇」に科学学士院会員の「本務」に専念するという恐るべき人物なのである。

火薬監督官就任の翌一七七六年、ラヴォアジエ夫妻は兵器廠内に居を移し、あわせて、当時の再高水準の天秤などの機械器具を設置した大きな化学実験室を建てた。そこでの「余暇」の過ごしかたと「幸せの日」については先刻記した。ここでのラヴォアジエ夫人のホステスぶりはめざましかった。新婚時代と変らぬ勤勉さで実験を手伝い、データをとり、訪れてくる高名な学者達を接待し、そして若い同僚や協力者の集会の世話を焼いた。伝記作者によれば、彼女は夫の化学革新事業とその宣伝の演出者であり、プロモーターであった。ラヴォアジエの化学の業績の大部分はこの兵器廠内の実験室で遂行され、世に出された。

貴族となったラヴォアジエは一七七八年、オルレアンからロワール河に沿って少し下ったブロアの付近に広大な荘園を買い求めた。このことはもちろん「殿様《とのさま》」となった人にとってふさわしい行動といえるが、ラヴォアジエにとってはもうすこし深い子細があったと考えられる。それは当時の普遍的な経済思想であった重農主義とのかかわりである。元来アンシアン・レジームの経済思想はコルベール以来の重商主義であったが、やがて「大地の生産性」を重視する思想があらわれた。テュルゴーらとの接触を通じてラヴォアジエは農業重視の立場をとるようになる。この経緯については後の章（IV編・1章）であらためてのべるが、ラヴォアジエはフランスの農業に深い関心をもち、この広大な荘園で農業や畜産業の改良を現実に実験した。また生命化学や農芸化学の研究を深めたのも、この重農思想に関連があるものと考えたい。

王制を支える貴族として、アンシアン・レジームの行政を担当する高級官僚として、そしてアカデミーの「顔」といえる学究として、夜を日に継いで活動するこのエリートの巨大な人間像には驚嘆するほかないが、まずは「化学者」ラヴォアジエの歩みを見よう。

化学の革命

もう一度結婚直後のラヴォアジエにもどろう。兵器廠内の大実験室へ移る前、旧宅の実験室が彼の「余暇」を満たす楽園であった。この「天国」にはいつも特別の臭気や、不思議な炎のちらつきや、立ち昇る蒸気があったろうが、そのことによりここは「パリの名所」の一つになっていたという(10)。フロジストン説との格闘を始めた「新型の錬金術者」、いや、錬金術を決定的に追放する仕事を始めた人物を訪ねて客が来た。

結婚の翌年、一七七二年にラヴォアジエは化学史上に有名な『封印論文(15)』なるものを書いた。「封印」の意味を了解するために、まず学術研究における「プライオリティ」(priority)の考えに触れておかねばならない。日本語でいうならば「先取権、優先権」となろうか。中世ヨーロッパでは、全ては神の栄光を讃える行為であるから、職人が自我を強く主張することはなかった。ゴチックやロマネスクの聖堂に製作者が自分の名前を刻むことはなかったし、グレゴリオ聖歌に作曲家の名前が残されることはなかった。

やがてルネッサンスから近世、近代と時代が進むにつれ、作家は自己の主体性と個性を強く主張するようになった。ダ＝ビンチ、ミケランジェロ、ラファエロ、そしてセザンヌ、ゴッホ……等々。こうして科学の領域でも、研究の独創性とともに「誰が何時《いつ》」発見し、発想したかが重要性をもつようになったのである。これが研究における先取権、優先性の問題である。現代の学会活動においても作者の名前はもちろん、発表期日は正確に記録される。世上ときどき激しいプライオリティ論争や、いわゆる「盗作」にかかわるスキャンダルが報道されることは周知のとおりである。

ラヴォアジエ自身にも、他人のプライオリティを冒したとする「スキャンダル説」がある。次章でくわしく記すように、酸素の発見者は明らかにイギリスのプリーストリであるにもかかわらず、ラヴォアジエはその優先権を適正に評価せず、自己の寄与を過度に主張しているとの批判である。

さてここでは、ラヴォアジエの側でおこなったプライオリティ確保策としての「封印論文」を話題にしよう。事情によって現時点では公表したくない、あるいは公表できないが、その内容の優先性は確保しておきたい、という場合に、その書類に記名し、年月日を明記しておくのである。王立科学アカデミーには、この書面を封印文書にして秘書局に委託するしきたりがあったという。

要するに封印論文の意義は二つある。㈠　未完の論文を公表して他者に「先まわり」して結果を出されることを防ぐため、当分の間秘密にし、㈡　アイディアと基本結果の先取権は確保しておく、ということである。

ラヴォアジエは書面を書き、署名をし、一七七二年十一月一日と期日を明記して封印をし、秘書局に委託した。ではその「秘密にしておきたかった」画期的、革新的な内容とは何であったか。それはシュタール以来のフロジストン説に決定的な痛打を与えるはずの実験結果であった。彼は硫黄を燃やした。フロジストン理論によれば、硫黄は燃素を「失って」軽くなるはずである。ところがもとの硫黄よりも重い硫酸ができたのである。また彼は燐を燃やした。燐はフロジストンを失って軽くならねばならぬはずなのに、全体の重量はいちじるしく増加して燐酸を生じた。もちろんここでも研究の武器は天秤であった。重量測定による定量化学がジョゼフ＝ブラックとラヴォアジエにより大成されたことはすでに記した。硫黄や燐は燃えて重くなったのであるから、燃素を失ったのではなく「何ものか」が固定され、結合したと考えざるをえない。空気のなかの何ものか、つまりある「空気」が結合したのだ。これが今日の酸素であることはラヴォアジエにも未知であった。それどころか、気体化学が未成熟であった当時——これを成熟させたのはラヴォアジエらであった——においては炭酸ガスも亜硫酸ガスもみな一律に「空気」と呼ばれていた。

物は燃焼すれば必ず「ある空気」が結合するようだ。金属を強熱して灰（今日の酸化物）にしたとき目方が増えることを、フロジストン論者は「マイナスの重量」のフロジストンが逃げていく、などと強弁するが、そうではない。「ある空気」が結合すると考えよう。だが待てよ。これは大変な結果だ。世はフロジストン説の天下だ。これに反旗を翻すには余程完全な研究が必要だ。それまでは「封印論文」にして先取権を確保しつつ、公表を控えよう、というのが若い、二十九歳のラヴォアジエの配慮であったろうか（翌一七七三年五月五日、公表の自信をえた彼はこの封印論文を開封させた）。

封印論文開封のしばらく前、一七七三年二月二十日の実験ノートに彼は「化学と物理に革命をもたらす」強い意志を書き記しているという[15]。「革命」とは何か。それは新しい燃焼理論の確立とフロジストン説の追放である。化学命名法の樹立による近代化学の体系化である。天秤の活用による化学の定量化である。そして彼のライフ・ワーク『化学原論』のなかに結実する画期的な「元素」の概念である。

しかし当面彼の脳裏を日夜占領していたのは不思議な気体「純粋空気」（l'air pur）であった。今日の酸素である。

したがってこれが次章のテーマとなる。

III

酸素のドラマの主役として

1　酸　素

前編の末尾でラヴォアジエの「化学革命」の内容を列挙し三十歳の彼が壮年期の情熱を傾けて追究した「活性空気」(l'air vital) すなわち今日の酸素を次に話題にするといった。

ある化学史家によれば、気体化学の建設こそラヴォアジエの化学革命の本質的部分であるとする。当時の認識では気体は一視同仁にみな「空気」と呼ばれていた。「窒息性空気」、「毒性空気」、「固定空気」などなど。また気体を総称して「弾性流体」(fluide élastique) ともいっていた。昔ファン＝ヘルモントが導入した「ガス」を広く使い始めたのはラヴォアジエである。彼による「空気は元素でなく混合物」との証明はアリストテレス的自然観に痛打を与えたのである。気体化学という場合に、イギリスの学者の寄与を否定できないが、ラヴォアジエの気体化学の規模は一段と大きい。

ところで「貴族」ラヴォアジエが「身柄を預けていた」アンシアン・レジームとその頂点に立つ王制の実情はどうであったか。

落日のルイ王朝

絶対王制の君主の典型、「朕《ちん》は国家なり」と称した「太陽王」ルイ十四世が一七一五年、七十七歳で死去、五歳のルイ十五世（在位一七一五～一七七四）の時代となる。

ルイ十五世が先王から引き継いだ遺産は財政難であった。税を取り立てようにも、例の徴税請負人どもは相変わらず私腹を肥やすのに汲々としている。王立銀行の信用操作によって紙幣を「増産」したが、イギリスのもつような工業生産が背景にない重商主義国家フランスでは成功はおぼつかない。

怠惰な王は相変わらず狩に熱中するばかりであったが、顧問官の努力で、植民地との間の重商主義的な保護貿易政策などが一応の成功をおさめ、宮廷財政は時には安定化した。しかし、この過程で次第に富を蓄積した大ブルジョワや特権商人たちの間にある種の不満が増大したことも事実であろう。貴族と王と聖職者に握られていた政治的権力をブルジョワに……。これこそやがて五十年後にくる大革命の「精神」である。

ともあれルイ十五世の宮廷を頂点とする当時の上流階級には文化の花が咲いた。いわゆるロココ趣味の建築、絵画、インテリアが流行した。優美、典雅、繊細なロココ調を絵画で代表するのはワトー、ブーシェ、フラゴナールらである。ロココ調の家具に飾られた広大な「サロン」と称する社交場が主として上流婦人によって開かれ、文芸、哲学のみならず、宗教、科学、政治が論議され、モンテスキューやダランベールが激しい論陣を張る。その議論はやがては大革命の「精神」となっていく。

香水が熱狂的な流行をみせ、女性の髪型は頭上で雄大豪華に構築され、エシャフォダージュと呼ばれた。建物を構築するときに組みあげる「足場構造」のことである。そして、世界で最も美しい言葉とフランス人が自負するフランス語がヨーロッパの外交用語、ヨーロッパ各国の上流社会の日常用語となった。フランス語の権威は十八世紀に確立したのである。

寵姫ポンパドゥール夫人がルイ十五世の宮廷に乗りこみ、二十年間にわたる王朝支配を始めるのは一七四五年、ラヴォアジエが二歳のころである。そして一七六六年、パリの照明にかんする懸賞論文を賞して二十二歳のラヴォアジエに金メダルを与えたのはルイ十五世五十六歳のころである。

上流社会がロココ文化に酔いしれているとき、パリの下層民地区ではパンがなく、飢餓と重税苦がひろがっていた。そして徴税請負人は血色が良かった。

やがて一七七四年、ルイ十五世は天然痘で死んだ。六十四歳であった。ラヴォアジエは三十一歳、「酸素」に情熱を燃やしていた。

そして時代は、ラヴォアジエともどもやがて革命の動乱に巻きこまれるルイ十六世の治世となる。二十歳で王位についた彼は「無経験な私にこれは何たる重荷よ」と王妃マリー＝アントワネットに愚痴を言ったという。「超王者」であったルイ十四世とちがって、ルイ十六世は凡庸、優柔不断で父王ルイ十五世同様に狩のみに執着する人物であったという。

マリア＝テレジアの娘で神聖ローマ帝国（オーストリア）出身の「ドイツ人妻」マリー＝アントワネットのぜいたく三昧《ざんまい》の日夜はことさらに廷臣の不評、国民の憎悪を買った。こうして、「王者失格」と評されたルイ十六世の宮廷では、大臣たちの努力にもかかわらず、国庫の欠乏が進行していた。

一七七三年十二月のボストン茶会事件を発端として、ルイ十六世即位直後の一七七五年四月、アメリカ独立革命戦争が始まり、フランスはこれに介入、独立軍に合流したため英仏戦争となった。翌一七七六年、アメリカ独立宣言、やがて一七八三年、アメリカの独立が承認されて一件落着。

アメリカ独立戦争とその成功はフランスにふたつの皮肉な結果をもたらした。第一は戦争によるフランスの財政の一層の悪化、第二はフランス国内における革命思想の一層の高揚である。「自由の国アメリカ」の誕生は絶対王制の死期を早めたのである。

こうして、それほど長くもないルイ十六世の「御代《みよ》」は一七八九年の破局へ向って進んでいった。破局（大革命）と革命期（一七八九〜一七九九）の約十年についてはあとで章をあらためて記すことにして、まずはルイ十六世治政の始まりのころ、ラヴォアジエ三十歳の時点から見ていこう。

酸素の発見

一七七二年、ラヴォアジエが封印論文を書いたとき、彼のアイディアの骨子はこうであった。ものが燃えるときは、フロジストンが離脱するのではなく、空気中の「ある空気」が結合するのだ。フロジストン説とは正反対の考えかただ。シュタール教授に「弓を引く」由々しき言動をするからには、封印論文にして発表を控えつつ、先取権は確保しておこう、ということであった(前章)。ラヴォアジエは「ある空気」の先取権――彼は所有権(propriété)といった――を確保しつつも、それが何物であるかはわからなかった。

この「ある空気」に入る前に当時の気体化学の状況を一瞥しておこう。前にも言ったように当時は「空気化学」の時代である。やがて主としてイギリスの学者によっていろいろの「空気」が発見された。いうまでもなくフロジストン説の時代である。「空気」にいろいろあるならば、必然に「空気=元素」説は崩壊する。十八世紀後半はそういう新しい時代であった。一七五四年、ジョゼフ=ブラックが「固定空気」(炭酸ガス)を発見した。一七六六年にキャヴェンディッシュは「可燃性空気」(水素)を、そして一七七二年にはダニエル=ラザフォードが「怠惰空気」(窒素)を発見した[11]。そしてイギリス空気化学の第一人者ジョゼフ=プリーストリが各種の酸化窒素ガス、「海酸空気」(塩化水素)、「可燃空気」(一酸化炭素)、「アルカリ空気」(アンモニア)、「硫酸空気」(亜硫酸ガス)などとともに、当面の最重要主題である「脱フロジストン空気」(酸素)を発見した[12]。

さていよいよ酸素のドラマに入ろう。

シェーレ

「酸素の発見」にかかわる人物として最も話題になるのはプリーストリとラヴォアジエであるが、発見時期の点でプライオリティのあるのはスウェーデンの化学者シェーレであるという。一七七〇〜一七七三年の間のことといわれるが、シェーレは炭酸銀をレンズで強熱して不思議な気体をえた。当時の化学者たちは試料を強熱するのに大型の集光レンズで太陽光を集めてガラス容器内へ導いた。操作を現代の化学の言葉でいえばこうなる。すなわち、まず炭酸銀は分解して酸化銀となる。発生した炭酸ガスは適当なアルカリに吸収させる。さて残った酸化銀をさらに強熱すれば酸素が発生する理である。しかし当時の知識でわかったのは「この空気のなかでは動物が死なず、点火したロウソクが消えない」という全く新しい知見であった。そしてこの「空気」こそ、ラヴォアジエが予感した「ある空気」、物が燃えるとき空気のなかからその物に結合していくある空気、フロジストンとは違う、シュタール説では理解できない気体、すなわちラヴォアジエが後に『酸素』と名づける気体であった。実はシェーレはラヴォアジエにこの実験の追試を頼んだという。ラヴォアジエの所には第一級の実験器具、天秤、集光レンズがあることはあまねく知れわたっていた。しかしラヴォアジエからの返事はついに来なかったという[12]。この「握りつぶし」が、ラヴォアジエのある種の意図に由来するものかどうかはわからない。シェーレが「火の空気」と名づけたこの気体の運命は結局プリーストリと

プリーストリ

ラヴォアジエの手に移ることになる。シェーレは後に一七七七年に、我々が呼吸する空気が、アリストテレスのいうような「元素」ではなく、「火の空気」(酸素)と「怠惰空気」(窒素)の一対三の混合物であることを示したという。

さて次はジョゼフ＝プリーストリの登場である。イギリスの非国教徒の家に生まれた彼は少年期から英才を見せ、十か国語をマスターするなどし、やがて牧師になった。そしてベンジャミン＝フランクリンにロンドンで会って科学の道へ足を踏み入れ、電気学の名著を書いた。化学者となって各種の気体を発見したことは前に記した。フロジストン説を信じたが、一方において各種気体を発見して空気を単体であるとするアリストテレス説を打ち倒した功績は大きい。彼はあらゆる抑圧を憎み、アメリカ独立戦争やフランス革命を公然と支持し、時の政府を攻撃するなどしたが、やがて大衆の反感を買うようになり、暴徒に家と実験室を焼かれてしまった。結局晩年(一七九四)にはアメリカへ移住することになった。アメリカでは大学の学長職はじめ各種の要職が提供されたが、それらを辞退し、化学の教育と説教に晩年の十年を捧げたという。彼は「体制側の宗教」である英国国教会の既成の権威にあくまでも反抗する厳格なカルビン派新教徒としてその宗教、哲学、教育の道を貫いたが、化学者としても、旧化学の原則を貫き、気体化学者として数々の新発見を化学史上に残しながら、終生——アメリカ

プリーストリ、家と実験室を焼かれる

に渡ってからも――フロジストン説擁護の論陣を張ったという。彼が発見した酸素に彼が自ら与えた名称「脱フロジストン空気」は彼の「不屈の精神」のシンボルであろうか。故国イギリスで家と実験室を焼かれたジョゼフ＝プリーストリ（一七三三～一八〇四）はアメリカでワシントンにも歓迎され、ペンシルヴァニアに家と実験室を再建したが、やがて一八〇四年二月六日、ここで生涯を終えた。政治思想においても、宗教思想においても、そして化学思想においても、よかれあしかれ、彼は身をもって十八世紀の精神を生きた[16]。

さて、プリーストリの生涯を前もって語り終えてしまったが、あらためて彼の四十歳代初期、気体化学の研究に熱中していた時代に筆をもどそう。

一七七四年の夏、プリーストリは「新しい空気」を初めて作りだした。実験はこうであった。今日の化学用語で話そう。彼は赤色酸化（第二）水銀を強熱した。道具は例のシェーレもラヴォアジエも用いる大型集光レンズである。ラヴォアジエが後に科学アカデミーに設置した特大型ではレンズの直径が一メートル以上あったという。集光レンズで酸化水銀が熱分解され、酸素が発生するのである（水銀を空気中で加熱すれば灰、すなわち酸化水銀となり、さらに強熱すれば再び分解して酸素を遊離する）。プリーストリによれば、この「空気」（気体）には物を燃焼させる力があった。だがしかし暗中模索を続けていた彼は初めこの気体をある種の酸化窒素（今日の名称）だろうと思ったという。

一七七四年の秋、所用で大陸へ渡ったプリーストリはパリでラヴォアジエに会い、この結果について語った。上質の酸化水銀をパリで手にいれることも旅の目的であった。そして翌年一七七五年三月、パリから持ち帰った試料でさらに実験をおこない、水銀灰の熱分解で発生する気体が、物の燃焼と生物の呼吸を助ける「新気体」であることを確認する。この時点、すなわち彼が自覚的に酸素を確認した時点を酸素発見の時点とするならば、それは一七七五年三月、発見者はジョゼフ＝プリーストリである。

ところで面白いのは、この気体にたいするプリーストリの命名である。彼はこの気体（酸素）を「脱フロジストン空気」（dephlogisticated air）と名づけた。フロジストン説の闘士プリーストリにとってはこの命名は自然なものであったろうが、現代化学すなわちラヴォアジエ化学に従順な我々にとっては大変にまわりくどい、「もってまわった」表現で、シェーレの命名「火の空気」のように単純明快ではない。次のように解釈すれば自他ともに納得できるであろうか。

まず水銀からスタートしよう。水銀を空気中で加熱すれば次第に酸化して酸化水銀の灰になる。木材が燃えて灰になるのと同じである。当時は木材は燃える、金属（水銀、鉛など）は灰化（calcination）すると言った。いずれの場合もフロジストンが離脱する。重量は減る（実は金属の場合は重くなるのに！）。つまり今日の酸化水銀は、プリーストリのフロジストン理論によれば「脱フロジストン水銀」である。次にこの酸化水銀をさらに集光レンズで強熱したら不思議な「空気」が出てきた。フロジストンの「脱け殻《ぬ　がら》」から発生した「空気」であるから、これはフロジストンを含まない空気、つまり「脱フロジストン空気」である。この空気はフロジストンを含まず、フロジストンに飢《う》えている。フロジストンをほしがっている。この「空気」のなかで物がよく燃えるのは、この「空気」が可燃物からフロジストンを奪いとるからである。プリーストリはこの考えから終生離れることはなかった。

「同業者」でライバルであったラヴォアジエのもとへこれらの情報は逐一届いていた。一七七四年十月にはスウェーデンのシェーレから前記の手紙が来ている。同じころパリへ来たプリーストリからも新気体のことを聞いた。そこでシェーレの手紙を「握りつぶし」、プリーストリの話も何食わぬ顔で聞き流して、自分の研究成果に取り入れて……とすれば面白いフィクションになるが、真相は不明である。ともかく彼は彼のすぐれた装置を活用して同様の実験の追試をおこない、一七七五年四月二十六日、科学アカデミーの復活祭明け公開講演で公表した。名高い『復活祭論文』である。「金属灰化の際に金属と結合して重量を増加させる原質の本性について」と題された六ページ強のこの論文は二つの部分からなっている。今日の化学用語で記そう。まず金属酸化物（金属灰）を炭とともに加熱して還元すると、金属が遊離すると同時に「固定空気」（炭酸ガス）が発生する。そしてこの「固定空気」は、空気の非常に呼吸に適した部分（酸素）が炭（炭素）と結合したものであるようだ、と彼は結論する。第二の部分では、酸化水銀（水銀灰）を、炭を使わず、そのまま単独で加熱した。発生した「空気」は「固定空気」（炭酸ガス）とは全く違う性質を示した。固定空気のなかではハツカネズミはすぐ死ぬのに、この新空気のなかでは動物は普通の空気のなかより長く生きる。ロウソクはなかなか消えない。こうしてラヴォアジエは酸素に一歩迫った。ただし一七七五年四月の段階では彼はプリーストリに一歩遅れていたようである。ラヴォアジエは水銀灰（酸化水銀）から離脱してくるのは「普通の空気」すなわち人が地上で呼吸している空気だと思ったらしい。一歩先にいたプリーストリはラヴォアジエの考えを批判し、「水銀灰から発生する気体は、人が呼吸している空気とは違う」と指摘した。はじめラヴォアジエは普通の空気を単体と考えたが、プリーストリは通常空気が今日の酸素と窒素の二成分よりなることを知っていたのである。やがてラヴォアジエもそのことを確認し、一七七八年八月八日、『復活祭論文』を訂正した。訂正論文では、酸化水銀から離脱してくる「空気」、あるいは水銀に結合する「空気」は「空気の最も純粋な部分」(la portion la plus pure de l'air) であるとし、「より一層呼吸に適し、より一層燃焼性を高める」としている。酸素の名はまだない。「きわめて呼吸に適する空気」(l'air éminemment respirable) と称している。この空気は大気 (l'air de l'atmosphère) 中で呼吸に使われ、気体性を失えば硝酸の構成原質のひとつとなる、と結論して、独立の新単体を確認している。「一七七五年復活祭にて発表、一七七八年八月八日再発表」とあるこの論文の脚注をみると、「この論文の実験は一年以上前になされた」、「酸化水銀の実験はすでに一七七四年に試みた」など、自己のプライオリティ(先取性)の主張は完全であるのに、シェーレとプリーストリにかんする言及、引用はない。プリーストリらの情報を彼が活用したことは情況証拠から明らかである。一七七四年秋にプリーストリと会って話を聞き、復活祭論文についても批判を受けている、にもかかわらず、である。

酸素発見競争におけるラヴォアジエの上記のような言動のなかに、科学者の嫌う一種のスキャンダルを感じとる人は多い。

酸素発見競争におけるシェーレとプリーストリの優先性は以上の事実により明らかである。酸素は前記のように一七七五年三月、プリーストリによって発見された。だがそのあと酸素はどのような運命をたどったであろうか。プリーストリの手のなかでは酸素は「脱フロジストン空気」となって温存された。一歩遅れて酸素を確認したラヴォアジエは、この「空気」を使って燃焼の理論を全面的に書き換え、酸の理論を打ち立て、やがて旧化学全体を書き直し、近代化学の破竹の進撃を準備したのである。

2　新燃焼理論樹立――酸の素《もと》

ラヴォアジエは一七七五年春の復活祭論文以来、その訂正をおこなった一七七八年夏にかけて酸素の存在を確認しているので、当然にその派生産物として「燃焼とは何か」を考察したであろう（プリーストリはシュタール流の旧燃焼理論に止まっていたが）。一七七二年の封印論文で硫黄も燐も燃えて重量を失うどころか重量を増し、金属も灰化して重量を増すことを確認し、復活祭論文であらためて、焼かれた金属が空気中のある成分と結合することを知ったのであるから、燃焼が「何かを失なう」ことではなくて、「何物かと結合する」と考えるのは自然の勢である。

ラヴォアジエがフロジストン説を否定して酸素説による新燃焼理論を樹立したのは一七七七年ごろのことといわれる。この説を今さら説明するまでもないと思われるが、一応確認しておこう（II編・2章参照）。

フロジストン説では、木が燃えるとフロジストン（燃素）を放出して灰が残る。金属を焼けば同じくフロジストンが脱離して金属灰（金属酸化物）が生ずる（このとき困ったことに重量が増す!）。

ラヴォアジエの説では、物が燃えれば空気中の酸素と化合する。水銀を加熱すれば酸化水銀（水銀灰）となって、当然のことながら重量が増す。これは後にラヴォアジエが『質量不滅の法則』として確立するものである。

今日からみればまことに単純明快な理論であるが、世はフロジストン説の天下であった一七七〇年代、大多数の化学者はフロジストン説を信じる「敵」であった。さすがのラヴォアジエもこの酸素説燃焼理論を説くにあたって、当初は遠慮勝ちであったろう。「フロジストンというようなものを仮定しなくても、この新単体（酸素）の考えでもっと簡単に燃焼にかかわる諸現象を説明できるのではないか」といいたかったのであろう。

フロジストン説打倒、新燃焼理論の樹立　しかし、一七七〇年代から十年足らずのうちに化学界の状況は一段と進展した。大気の空気が「火の空気」（酸素）と「毒性空気」（窒素）の混合物であることがわかってきた。一七八〇年代の初めになると、空気とならんで元素と考えられてきた水が「可燃性空気」（水素）と「火の空気」（酸素）の化合物であるという解釈が次第に普及してきた。

このような雰囲気のなかで、いまや酸素の実在は疑いようのないこととなってきた。フロジストン主義者の主張は次々と「無理」を露呈してきた。ラヴォアジエは、酸素派とフロジストン派の勢力関係の変化を見のがさなかった。一七八三年発表（一七八六年刊行）の『フロジストンについての考察』(Réflexions sur le phlogistique) はラヴォアジエが、「千万人といえども我往かん!」の気概をもって、反フロジストン・キャンペインをおこなったものである。「化学史上最も注目すべき文献」といわれるものである。

遠慮深さをかなぐり捨てた、奴隷の言葉と絶縁したラヴォアジエの旧化学攻撃、フロジストン説の「親玉」シュタールならびに当代のフロジストン派ボーメ、マッケールらにたいする論駁が、彼の酸素説にもとづいて展開される。二、三の引用をして、舌端火を吐く雰囲気に触れてみよう。

「一七七七年に出した、燃焼と金属灰化の理論に引き続き資するために」と副題のついた本論文の冒頭四行目には、十年を経て彼の理論が熟成したことが、自信をこめて語られている。彼の言を聞こう。

「私はすべての説明をたったひとつの単体から引き出した。純粋空気、活性空気は、私が酸素原質と呼んだ基本原質と、火物質ないし熱物質とが結合したものである。ひとたびこの原質が容認されるならば、化学の基本的困難は消失し、化学のあらゆる現象が驚くべき単純さで説明され、納得できたのである。」

本論文の精神と直接関係はないが、ここで興味深いのは、酸素、酸素ガス、ないしは気体を彼がどのように考えていたか、ということで

ラヴォアジエ

ある。彼によれば、気体酸素（純粋空気、活性空気）は基質である酸素の本体（酸素原質）と「熱」が結合したものである。つまり原質を熱が包んで膨脹させた状態、これが弾性流体と呼ばれた気体なのである。水銀が空気中で焼かれて酸化水銀になるとき、酸素気体の本体である酸素原質だけが水銀と化合する。これを加熱すると、酸素原質を熱が包み、気体酸素となって遊離する、と考えるのである。酸素、水素、炭酸の実体が「熱物質」のなかを浮遊している状態、これがフワフワとした弾性流体である酸素ガス、水素ガス、炭酸ガスなのだ、と考える。微妙な「熱物質」をラヴォアジエはカロリックと称する。それぞれの気体原質がカロリックと「結合」したものが各気体物質であるとする考えはラヴォアジエにおいて最後まで持続する。空気あるいは酸素ガスのなかで物を燃やすと、酸素実体が物に「付着」（結合）すると同時に酸素実体を包んでいたカロリック（熱素、火物質）が追い出される。これが燃焼における熱（と光）の発生のメカニズムである。フロジストン理論では燃焼にさいして「物」からフロジストンと熱が出てくるが、酸素説では熱は酸素ガスからくる。熱は気体のなかに含まれている。酸素原質は結合してしまう。

ラヴォアジエの新燃焼理論は革新的であったが、そこにある熱理論＝カロリック説（熱流体説）はかなり旧式である。II編・2章で十七、十八世紀の自然学者、自然科学者をとらえていたいわゆる不可量流体の考えについて記したが、ラヴォアジエも「熱」に関するかぎり最後まで不可量流体の考えから離脱してはいなかった。ラヴォアジエの敢行した化学の「近代化」を評価するばあいに、その「前近代性」に注目することも大切である。偉大な人物の偉大な業績を眺めるばあいには、前代からの革命的断絶という不連続性と同時に、前代の古典的遺産からの連続性を忘れることはできない。ラヴォアジエの「化学革命」は錬金術以来の蓄積の総括でもあったのである。当然のことながらラヴォアジエは十八世紀人であった。カロリック説について一言付言するならば、これが熱のエネルギー論によって克服されるのは十九世紀中期のことである。

さて余談が続いた。『フロジストンについての考察』にもどろう。次に示すのは気魄に満ちた冒頭第三節である。

「本論文を始めるにあたって次のことを読者諸君に期待したい。あらゆる先入観から可能なかぎり遠ざかってほしい。諸実験事実のなかに、それらの事実が提供していることだけを見てほしい。「理性」の想像力なるものが生みだした全てのものごとを一切遠ざけてほしい。シュタールが生きた時代よりも前の世に身を移してほしい。そしてしばし、できることなら、シュタールの理論が存在したこと、フロジストン理論なるものが実在したことを忘れ去ってほしいのである。」

シュタールとフロジストン理論が存在しなかった時代に身をおけ、との激烈な表白のなかには、全てのフロジストン主義者と、新しい実験事実に合わせてフロジストン理論を修正しようとしたマケールやボーメのような「修正主義者、改良主義者」とを一括して断罪する意志が満ち満ちている。

なお、「理性の想像力が生んだものを遠ざけよ」との言は、フロジストンから全てを演繹的に導出するデカルト風のやりかたをしりぞけて、事実から出発せよとのフランシス＝ベーコンの流儀を主張しているのであろう。ただしラヴォアジエの本意は、フロジストンという架空のイデーから出発する架空の演繹を嫌っているのであって、疑わしきものを一切疑い、明証的な事実だけから出発しようとした彼の態度はきわめてデカルト的といってよい。彼のなかには大陸哲学の教養と、イギリス経験論の伝統が素朴唯物論の形をとって共存していると考えたい。

フロジストン説を根底から論破せんとする彼の弁証はあくまでも冴え、その気魄は『ソクラテスの弁明』を書いたプラトンを思わせる。最終ページを迎える部分の彼の高揚と、一転して詠嘆に終る結びの言葉をみよう。

「私が念じたのは次のことだけである。すなわち、一七七七年以降の燃焼理論の進歩を語ること、可燃物のなかにあるとシュタールが勝手に想定したフロジストンなるものが空想の産物にすぎないことを読者諸君にお見せしたかったこと、そして燃焼と灰化にかんするあらゆる現象は、フロジストンを持ちだすよりも、フロジストン無しでやる方が、はるかに単純明快に説明できることを読者諸君にお見せしたかったこと、以上である。」

そして彼の詠嘆が続く。

「私の思想がただちに受容されるとは思わない。人間精神はある見地に屈服しやすく、古い見地から新しい思想へ移行するのは容易なことではない。私が提起した意見が確証されるにせよ、否定されるにせよ、いましばらくの時が必要である。」

そしてラヴォアジエの寂しげな目は、次代の若者や新鮮な頭の物質学者を眺めるとき、あらためて少し輝くようである。

「私が大きな満足をもって眺めることができるのは、偏見なしに科学を学び始めた若い人々、そして新しい頭脳で化学の真実を追う数学者や物質学者である。彼らはもはやシュタール流のフロジストンを信じないし、化学というサイエンスを構築するのにフロジストンの教義は邪魔になる足場（échafaudage）だと考えている。」

上記「化学を数学者に」期待するのは一見奇妙であるが、哲学者コンディヤックに傾倒していた（後述）ラヴォアジエは常々「化学を数学のような」学問にしたいといっていた。彼が期待した若い物質学者とは、たとえばラプラスのことであろうか。この論文を書いたころラヴォアジエは四十歳の初め、そしてすぐれた協力者ラプラスは六歳若かった。

反対者、協力者、追随者

酸素説による新燃焼理論の決定的勝利を告げた『フロジストンについての考察』も、その論文の末尾でラヴォアジエが詠嘆したように、すぐに多くの化学者に容認されたわけではない。彼がいうように、ある見地に屈服した人間精神が新見地へ移るのは容易なことではないのである。

ボーメ（Baumé）はラヴォアジエの先輩、アカデミー会員として業績をあげ、その考案になる比重計は今日も広く実用されている。彼は頑固一徹のフロジストン主義者として最後まで残った。イギリスのジョゼフ＝プリーストリもまた、酸素（「脱フロジストン空気」）の発見者としての栄光に包まれながら、フロジストン説に「殉《じゅん》じた」ことは前章で記した。学術雑誌の主幹として、初期はラヴォアジエにきわめて好意的でありながら、やがてその新燃焼理論に反論するのを目的とした出版人もいたという。

やがてラヴォアジエの陣営に「馳《は》せ参《さん》ずる」化学者もあらわれた。フールクロワ（A. de Fourcroy）はラヴォアジエより十二歳ほど若い人物で、『考察』を読んで酸素学派に転向、この新しい学説を教え始めた。ギトン＝ド＝モルヴォー（Guyton de Morveau）はラヴォアジエより六歳年長になる。フロジストンから離れられなかった彼も、『考察』の出た一七八六年には酸素説による新燃焼理論の陣営に参加した。ラヴォアジエより五歳若いベルトレ（C. Berthollet）のごときは、一七八五年の段階でまだフロジストン理論の立場でものを書いていた、と後にラヴォアジエに批判される人物であるが、彼も結局『考察』（一七八六）の出るころから「新化学」の立場へ移った。

フールクロワ、ギトン＝ド＝モルヴォー、ベルトレの三人はさしずめ「ラヴォアジエ学派」の「三羽烏《がらす》」といったところであろうか。ただしこの「学派」すなわちラヴォアジエの人脈集団はそれほど長期間持続することはなかった。一七八九年に襲来した大革命の大波がこの「人間」の集団を、各自の思惑《おもわく》、各自の打算のなかでバラバラに分解してしまうことになるからである。ともあれ、大革命までのしばらくの間、三羽烏は建在で、その協力は有名な『化学命名法』に結実する（Ⅳ編・3章参照）。そして「人間」の集団が分解したあと、彼らが建設した「学問」が全ヨーロッパへ、そして全世界へ拡散していったのである。

ところで、これらの協力者、追随者についてラヴォアジエがどのように考えていたか、彼らをどのようにみていたか。これについては大革命の動乱のなかで人々がどのように行動したかを語る部分で触れる機会があろう。また彼らが動乱に「処する」ためにどのように変貌していったかについてもまた後章で触れよう。

酸素、酸の素《もと》とは何か

ところでここまでのところ私はわかりやすさのために「酸素」という言葉を平然と使ってきた。我々は学校でそのように習ってきた。そのようにいうように慣らされてきた。しかし読者は「酸の素《もと》と呼ぶのはなぜだろう」という疑問をもたなかったであろうか。水素は水の素《もと》、炭素は炭の素《もと》、窒素は窒息性の素《もと》、塩素は塩の素《もと》などなど、元素名としてわかりやすい。だが我々が常時呼吸している空気の成分が「酸の素《もと》」とはいったいどういうことか。シェーレは「火の空気」といった。プリーストリはややこしく「脱フロジストン空気」と呼んだが、これについては説明した（前章）。実は「酸の素」＝酸素と命名したのはラヴォアジエなのであるが、彼自身も当初は「呼吸に最適の空気」、「活性空気」、「純粋空気」などと呼んでいたのである。

やがてラヴォアジエの頭のなかに酸の理論なるものが熟してきた。炭酸ガス、あるいは炭酸のなかにこの物質がある。亜硫酸ガスや硫酸のなかにも含まれている。硝酸の重要成分である。いわゆる有機酸、すなわち酒石酸、クエン酸、リンゴ酸、蓚酸など現代有機化学でカルボン酸と呼ぶものはみな酸素を含んでいる。

実は当時のシュタール流旧化学でも「酸とは何か」が大きな問題であり、酸を特殊な単体、つまり一種の元素と考える立場もあった。ラヴォアジエの考えが画期的なのは酸を特殊な組成をもった「化合物」と考えたことである。ラヴォアジエは燃焼の新理論を考え始めた一七七六～一七七七年ごろから、燃焼の主役となる「純粋空気」が上記のように各種の酸のなかに成分となって必ず含まれていることに注目した。そうならばこの「空気」こそ酸の本質、酸の根本成分、つまり「酸の素《もと》」なのだとした。一七七八年、彼はそれまで「活性空気」などとみずから呼んでいたこの気体を「酸性にする原質」あるいは「酸にする原質」（principe acidifiant）と呼び始めた。やがて、同じ意味のギリシア語を使って principe oxygine と命名した。oxy- はギリシア語の酸、gine は同じくギリシア語の「生成する」を意味する。最終的にラヴォアジエが採用し、今日の化学でもちいられるのは単純に oxygène（英、oxygen）である。

こうして「酸の素《もと》」はラヴォアジエの意見通り正式に現代化学の元素名となった。しかし彼の考えは正しかったであろうか。答は否である。反論はいくらでもある。当時の海酸すなわち今日の塩酸は塩化水素であって酸素を含んでいない。実はラヴォアジエにとってこのものは塩酸ラジカル（塩酸基、塩酸根）とでも呼ぶべき一種の単体であって、それが酸素と強く化合していて分離できないのである。さらに大きな矛盾は「水」である。水は酸素と水素の化合物で、明らかに酸素を含んでいるのに、中性の物質で決して酸性を示すことはない。これについてはラヴォアジエは解答を避けたという。多くの金属酸化物も酸性を示しはしない。

実は、我々が初等化学で学習したように、酸性の原因は水素である。水素イオンを放出するものが酸である。塩酸も、有機のカルボン酸も、水素イオンを出して酸性を示す。水は水素イオンを出さないから酸ではない。こうしてラヴォアジエの酸素説による酸の理論は誤りであった。

それにもかかわらず我々がラヴォアジエの「酸の素《もと》」の理論を高く評価するのは、化学の歴史の上でこの思想が果した役割を考えるからである。前記したように、酸を特殊の単体と考える旧化学に対して、ラヴォアジエは酸を「特殊な組成をもつもの」と理解した。すなわち酸を「化合物」と考えたのである。ラヴォアジエは元素 ⟶ 化合物というコースによる化学全体の体系化に強く執着していたのである。この元素を「脱フロジストン空気」と歪小《わいしょう》化していったプリーストリに対し、ラヴォアジエはこの元素で燃焼理論を革新し、組成概念で酸概念を拡大し、そして化学全体を体系化しようとしたのである。

3　水は元素ではない

フランス大革命（一七八九）の足音が近づいている一七八〇年代、化学の世界でも革命が始まっていた。三十歳を前にした一七七三年、実験ノートに「化学に革命を引き起こそう……」と書いたラヴォアジエがその主人公であり、立役者であった。酸素説によるフロジストン説の追放、新燃焼理論の樹立などがそれである。独特の「酸の理論」の刊行は一七八一年であった。

そして次なる研究競争の対象は一七八一年から一七八五年にかけての「水とは何か」というテーマであった。この問題に最終決着をつけたのもラヴォアジエであった。ある種のスキャンダルの空気をただよわせながら。

水は元素か化合物か

錬金術時代を生きのびてきたアリストテレスの四元素説は、「空気は酸素と窒素の混合物。元素にあらず」となって崩れ始めていた。では同じく元素と認められてきた「水」はどうであろう。

実は、蒸気機関を発明した技術者ジェームズ＝ワットはプリーストリとの討論の結果、水が元素

キャヴェンディッシュ

ではなく「複合物」であることを初めて主張したという(11)。産業革命の先進地帯イギリスが「空気化学」すなわち気体の研究でもスウェーデン（シェーレ参照）と並んで進んでいたことは、ジョゼフ＝ブラック、プリーストリらの名とともに何度も記した。

一七六六年に、ラヴォアジエの十二歳年長にあたるヘンリー＝キャヴェンディッシュ（Henry Cavendish）が、金属に酸を作用させて今日の水素をえた。二十二歳のラヴォアジエがパリの照明にかんする懸賞論文でルイ十五世から金メダルを受けたころである。この「空気」は普通の空気とは性質が全く違い、可燃性を示したので、キャヴェンディッシュは「可燃性空気」と命名した。

五年後一七八一年、プリーストリやキャヴェンディッシュは有名な水の合成の実験をおこなった。「可燃性空気」（水素）と「脱フロジストン空気」（酸素）の混合物に電気火花を飛ばして水が生成することを認めた。しかし問題は、キャヴェンディッシュがこのプロセスをどう考えていたか、である。フロジストン主義者の彼はこう考えた。「可燃性空気」（水素）はフロジストンを大量に含んだ水であり、「脱フロジストン空気」（酸素）はフロジストンの脱《ぬ》け殻《がら》の水である。フロジストンの詰《つ》まった水とフロジストンの脱け殻である水とが凝縮して水滴が発生したのだ。電気火花で生じたものはそういう水である。要するに水は依然として単体（元素）である。これがキャヴェンディッシュのフロジストン理論による水の生成の理論であった。アリストテレスが説くように、やはり水は四元素の一つであった。キャヴェンディッシュの実験は、ほぼ二容の水素と一容の酸素から水が生ずることを確認した定量的で正確なものであったが、残念ながら解釈——フロジストン理論——が誤っていた。

水の生成にかんするこの情報は、イギリスで公表される前に一七八三年六月、パリのラヴォアジエのもとへ伝えられた。「理論の強者」、「解釈の天才」ラヴォアジエがこの情報を放置するはずはない。早速若き盟友ラプラスと共に追試をおこない、一七八三年十一月には彼の新解釈を公表した。すなわち、「酸素と水素が化合して水が生成する。水はしたがって元素ではない。化合物である」という新説である。

ラヴォアジエは水の合成の実験だけでは満足しなかった。一七八五年には水の分解の実験をおこなった。すなわち赤熱した鉄と水を接触させて水を分解させ、水素と酸素にする。酸素は鉄に固定されて酸化鉄になる。水素は捕集する。水はたしかに酸素と水素に分解された。こうして

合　成：水　素＋酸　素 ⟶ 水,

分　解：　水　⟶ 水　素＋酸　素

の両面から、水が単体元素ではなく、化合物であることが、実験的に、そして理論的に確証された。ラヴォアジエの決定的勝利である。アリストテレスの四元素説では、万物が土、水、火、空気から

なるということが、空気は混合物とわかり、水は化合物であることが証明された。火＝フロジストンも否定されそうだ。土が化合物であることはやがて自明となる。

この研究の過程でラヴォアジエ学派が百％正しかったわけではない。それは、金属と酸の反応で発生する「可燃性空気」＝「水の原質」（水素）がどこからくるか、という問題である。ラヴォアジエらはこの場合、水素は水からくる、と考えた。一方フロジストン派の人々は、水素は金属から出てくると考えていた。「水素は水の成分」と考えるラヴォアジエ学派にたいし、金属─→水素説は全く不利で、水の組成論争にかんするかぎりラヴォアジエが「有利」であった。しかしこれは「見かけ」のことであって、酸と金属による水素の発生、という問題にかんするかぎり、どちらも誤っていた。今日の化学が説くように、ここで発生する水素は酸の水素イオンと金属の置換によるものである。「水素は水の成分」は正しいが、同時に「水素は酸の成分」でもあるのである。ラヴォアジエのこの混乱は、前章で記したように、酸の酸素説からきている。正しいのは酸の水素説（十九世紀に解明）である。

ともあれ、こうしてラヴォアジエは、水が可燃性空気（水素）と酸の原質（酸素）の化合物であるとの洞察によってキャヴェンディッシュの立派な実験──解釈がまちがっていた──に正しい解釈を与えた。さらに一歩進んで水の分解実験をおこない、合成と分解の両方から水の組成を確定したのである。このことはひいては酸素の存在を確固不動のものとし、フロジストンの考えを無効のものとしたのである。あわせて、酸素説と水の研究は旧化学の四元素説を無力のものとした。二十九歳の実験ノートに記した不退転の決意「化学革命をなさん」は、封印論文や復活祭論文の頃にはいささか「勇み足」であったが、あれから十幾年を経て、いよいよ条件はととのい、機は熟した。満を持して放《はな》たなかった彼はいよいよ自信満々、千万人といえども我往《ゆ》かんの気概をこめてフロジストン攻撃を開始したのである。それが前章で紹介した論文『フロジストンについての考察』(一七八六)だったのである。

もうひとつのスキャンダル　もうひとつのスキャンダル、というからには最初のスキャンダルがなければならぬ。フランス絶対王制下アンシアン・レジームの「諸悪の根源」と呼ばれて悪名高かった徴税請負人の職を買いとったことをスキャンダルとする人は多い。二十四歳のラヴォアジエはこの地位を「本職」とすることになる。その数か月後に科学アカデミーの助会員となるとき、このスキャンダルはアカデミー会員たちを驚かせたという。この職業からの収入は、最高級の実験器具を入手して彼の化学研究という「副業」を実り多いものにしたはずである。徴税役人としてのラヴォアジエが暴力的であったかどうかは知らない。その金力にものをいわせた多くの善行もあったという。徴税請負という制度は旧制度フランスに固有なものではないという。ただルイ王政におけるこの制度の不当不正な運用が「悪名」を呼び、単なる財政的な役割でなく、政治的、社会的動乱（大革命）を誘発する役割を担ったのである。制度への民衆の憎悪は当然に制度構成員への憎悪に転化する。こうして化学の革命家、近代化学の産みの親ラヴォアジエは政治・社会の革命のなかで、みずから選んだスキャンダルをギロチン下の死で償うのである。

化学者としてのラヴォアジエのひとつのスキャンダルについてはⅢ編・1章、酸素発見の経過をのべたところで触れたが、ここで簡単に復習しておこう。それはシェーレ、プリーストリに対するラヴォアジエのモラルの問題である。

まず酸素の最初の発見者はスウェーデンのシェーレと考えられている。ただこの気体「火の空気」についての研究成果の刊行がプリーストリの発表より二年おくれたのである。プリーストリはシェーレの結果をまったく知らなかったようであるから、ここではスキャンダルは考えられない。シェーレとプリーストリはそれぞれ独立の酸素発見者である。

シェーレは自分の実験の追試をパリのラヴォアジエに頼んだが、ラヴォアジエからの返事はついに届かなかった。ラヴォアジエはシェーレの手紙をたしかに受け取っているという[12]。これ以上のことは不明であるが、その後のラヴォアジエの行動にかんがみ、なんらかの憶測をすることは許されよう。

それはそれとして、次はプリーストリとラヴォアジエのやりとりである。一七七四年八月、プリーストリは酸化第二水銀の加熱により新気体をえた。物の燃焼を助け、ハツカネズミの呼吸を助ける新気体である。同年十月、プリーストリはパリへ行ったとき、このことをラヴォアジエに話した。「解釈の天才」ラヴォアジエはただちにこの実験の重要性を悟ったであろうし、すぐに追試をおこなったであろう。しかしこの実験の先駆者はプリーストリである。

プリーストリはこの新気体に「脱フロジストン空気」と命名した。そして一七七五年三月、王立協会に結果を報告した。酸素の発見である。

翌四月、例の『復活祭論文』でラヴォアジエも水銀の灰（酸化水銀）から空気が出てくると発表した。これは「普通の空気」だとラヴォアジエは考えたらしいが、あらためてプリーストリの指摘を受けて訂正、一七七八年の再発表では、酸化金属から「純粋空気」が出てくるとした。報告の脚注には、自分のグループが以前から似た実験をしていたことが「年月日入りで」縷々《るる》と書かれているが、シェーレやプリーストリへの言及はない。プリーストリから一度ならず情報を受けているのにその「先取性」について引用注記しないのはフェアでない。学者のマナーに反している。

プリーストリからの情報に常に、そしてただちに卓抜な「解釈」を加えて酸素概念を純化し、燃焼理論を革新し、酸の理論を構築し、やがて近代化学そのものの体系化をなしとげたのはまぎれもなくラヴォアジエである。

しかしラヴォアジエが「プリーストリとシェーレと私がほとんど同時に酸素を発見した」というのは適切でない[16]。以上に記した経過からみて酸素発見のプライオリティは明らかにプリーストリ（とシェーレ）にある。

さて次は先刻表題にあげた「もうひとつのスキャンダル」の話である。これについても話の内容そのものはすでに前節「水は元素か……」で記した。ここで問題にするのは、ラヴォアジエの学者としてのモラルにかかわることである。

水＝化合物説、すなわち水は元素ではなく、水素と酸素の化合物であることを証明する実験でも先鞭をつけたのはイギリスのキャヴェンディッシュであった。それは一七八一年のことであった。残念なことに、フロジストン主義者のキャヴェンディッシュがこの実験結果に与えた解釈はまちがっていた。

さて一七八三年六月にこの情報がパリのラヴォアジエの耳に入ってしまった。「解釈の天才」であると同時に「実験の鬼」でもあるラヴォアジエは早速これを追試し、同年の十一月に科学アカデミーで発表してしまった。イギリス王立協会でキャヴェンディッシュが発表したのは翌一七八四年一月のことであった。ラヴォアジエの解釈は「水は水素と酸素の化合物」とする正解であった。ラヴォアジエは発表にさいし、「この実験がキャヴェンディッシュよりも先であった」ことをほのめかす表現を使ったために、キャヴェンディッシュ一派の憤激を買ったという。

前に記したように、ラヴォアジエはさらに一七八五年には水の分解実験をもおこなって自分の解釈を決定的なものにした。こうしてラヴォアジエの水の理論は不動のものとなったが、実験事実の「先取権」にかんするかぎりはキャヴェンディッシュらの地位は動くことはない。自分の実験よりも早期におこなわれた精密な実験にたいし、ラヴォアジエは敬意をこめた引用で答えるべきであったろう。

理論家ラヴォアジエ

ラヴォアジエの自然科学者としての特質となれば、VI編・1章「まとめ」の部で触れることになろうが、この辺で一言しておくのも無用ではなかろう。

自然科学者を実験家と理論家にわける流儀は現代のやりかたであって、十七・十八世紀にはまだそのような分類は存在しなかった。すぐれた実験装置を駆使し、卓抜な考察をめぐらすフヴォアジエはまさに「全方位的」、「全天候型」の科学者というべきであろうが、世上しばしば「フヴォアジエは理論家」であったという言いかたをされるので、その意味をみておこう。

プリーストリと「競争」した酸素発見や、キャヴェンディッシュとのあいだで「物議《ぶつぎ》を醸《かも》した」水の組成の解明の経過は次のようなものである。

ラヴォアジエは基本的事実を相手から入手する。そしてその実験事実の本質をただちに洞察し、早速自分も追試をおこない、その洞察の正しさを立証する、というコースである。実験事実の意味を相手に「先まわり」して解釈してみせる。要すれば、さらに説得力に富む実験をしてみせる。「無理のない理」に裏づけられた実験には反論できない。

現象を記述するだけでなく、現象の本質を解釈する。これは理論家の仕事である。硫酸を合成し、硝酸の特徴を記載するだけでなく、そもそも「酸」とは何か、「酸性」とはどういう性質で、どういう組成のものがこの性質を示すのか、ということを考えれば、それは酸の理論である。結果として誤りであったラヴォアジエの酸素による酸理論は彼の理論家としての重要な業績のひとつである。「燃える」とは何か。フロジストン理論は矛盾だらけだ。こうして彼の新燃焼理論は誕生した。水や空気ははたして「元素」か。元素とはいったい何か。こうして彼は新しい元素概念へ到達した（IV編・4章）。

ラヴォアジエが今日のいわゆる理論家に近いといわれるのはそのことである。

ラヴォアジエが、プリーストリの「酸化水銀──→酸素」実験の結果を「黙って借用」したり、キャヴェンディッシュの水の合成実験のプライオリティを侵害したりした「スキャンダル」について前に記したが、仮に百歩譲ってラヴォアジエを免罪するとするならば、実験者本人も知らぬ現象の本質を第一級の洞察と卓抜な解釈でまず明らかにした、そのことの先取権を認めることであろうか。一言ラヴォアジエを弁護してみたが、いずれにせよ検事と弁護士の意見は一致しないであろう。

Ⅳ　昼間は役人、夜は学者

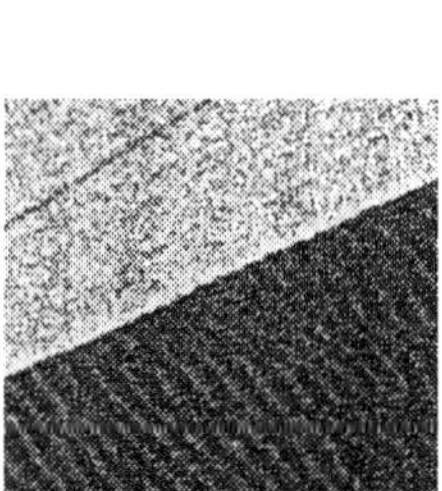

1　行政官・財政家・農政家ラヴォアジエ

しばらく「化学者ラヴォアジエ」の話題が続いた。しかし何度も記したように、ラヴォアジエの「本職」は徴税請負人兼フランス王国火薬監督官であって、化学の研究は彼の副業ないし「レジャー」であった。すくなくも昼間の彼はフランス王国の官僚であった。

ルイ十五世〜同十六世の治世から大革命にかけての時代のエリートとして献身した彼を取り巻いた政治、文化、経済は当然のことながら彼の学問と深くかかわったはずである。フランス十八世紀の文化、とくにその時期の啓蒙思潮との関係についてては次章のテーマとすることにして、本章では「役人ラヴォアジエ」の環境を描写しよう。

とくに興味があるのは、ルイ十五世治世の末期からルイ十六世治世の初期にフランス絶対王制の指導者ならびに一般知識人の経済思想の中心をなしていた重農主義の思想である。ただし、重農主義に先だつ、絶対王制期の政治・経済思潮である重商主義はあまりにも重要なので、そこから話を始めよう。そして重農主義官僚ラヴォアジエと、ラヴォアジエの化学思想に宿った重農主義的思考に触れることにしよう。

重商主義　中世封建制は前記したように「闘う人、祈る人、耕す人」の時代であったが、やがて「商《あきな》う人」が発生し、中世都市が誕生して、商業活動が農村生活を広域化していった。広域化の手段のひとつは貨幣の使用である。こうして経済社会は次第に変っていった。ぶどう酒や小麦や羊が「富」であった時代から、金貨や銀貨が最も有効な「富」である時代へ。

金銀を蓄積することが商人たちの最大の目的となったが、やがてそれが国家の政策となる。金貨・銀貨を国内に溢れさせよう。金銀が国力であり、国の栄光である。このような政策を**重金主義**（bullionism）という。

初期絶対王制国家、十六世紀のスペイン王国は典型的な重金主義国家であった。ルネッサンス以来、大航海時代に、すなわちいわゆる地理上の発見の時代に先駆者となったスペインには新大陸から大量の金銀が流入した。スペインは当時世界で最も富み、最も強い国であった。そしてそれは金銀のおかげであると人々は考えた。重金主義万歳である。

では当時後進国であったイギリス、フランスなどはどうしたか。国内に金銀の蓄積はない。他国から自国へ金銀が流れこむようにしなければならない。それにはどうするか。大量の自国商品を外国に輸出し、他国商品は少量しか輸入しないようにする。そして貿易差額を貨幣で入手する。高価な商品を大量に輸出し、少量の必需品だけを輸入して差額を現金で獲得する。要するに国家を富ませるのは貿易、外国貿易である。「高価な商品」とは工業製品である。したがって工業を奨励しなければならない。このような政策を**重商主義**（mercantilism）という。スペイン流の、植民地からの金銀略奪に比べると「合理的」であるが、イギリスはともかく、フランス重商主義にはいろいろの「無理」が多く、合理的でなかった。

国家が重商主義を政策にかかげる場合にはいくつかの方策が加味される。輸出商品としては高級工業品が好ましいことを先刻記したが、工業品生産を促進するための輸出奨励金や生産奨励金は有効である。一方、外国商品の輸入を人為的に抑制する手段のひとつは保護関税という障壁を設けることである。特定の商品にたいする輸入禁止という手段もある。さらに、自国工業の発展のために外国の優秀な職人・技術者を自国へ呼び集めるという手段もあった。

ルイ十四世を助けた宰相コルベールはフランス重商主義の祖、「歩く重商主義」といってよい人物であるが、彼は外国のよい職人を集めるために募集の専門家を各国に駐在させたという。「コルベール主義」が重商主義の異名となるほどの活動をしたコルベールは不遇な晩年の後一六八三年に死去したが、そのあとフランスはコルベールの努力を無にするような挙に出ている。宗教戦争の初期一五九八年に仏王アンリ四世はナントの勅令を発布してカトリックとユグノー（新教徒）の融和をはかった。イギリス産業革命が多くの非国教徒によって遂行されたように、ユグノーはすぐれた職人、商人の集団で、フランスの近代化の担い手となるはずであった。ところが一六八五年、ルイ十四世はナントの勅令を廃止し、結果として何万人というユグノーを追放した。彼らは新教徒の国ドイツへ逃れた。こうして十七世紀末のフランスは自国の最もすぐれた技術者を失ってしまったのである。そのなかには蒸気機関の原理を発明したドニ＝パパンもいる。

十八世紀、ラヴォアジエの時代に目を移そう。フランスより百年早く産業革命を開始したイギリスは自国の工業化を着々と進め、その工業製品を輸出商品として「七つの海」に雄飛する重商主義帝国の道を歩みつつあったのに、フランスは依然としてアンシアン・レジームのなかにあった。イギリスがいち早く市民革命を遂行してブルジョアジーの国に変貌しつつあったときにフランスは依然として貴族と僧侶と特権商人の国であった。

工業は特権マニュファクチュアに握られ、その特権たるや王の特許にもとづく「経済外」のものであった。重商主義は貿易を重視するというが、その貿易を独占するのは王から特権を与えられた特権貿易商人たちである。その特権の「見返り」金はブルボン王家へ還流していく。重商主義は工業を奨励し、貿易を振興する政策であるといいつつ、その内実は特権マニュファクチュアを奨励し、特権貿易を振興する方針にすぎない。つまりそれは経済ではなく「経済外」のものである。

そんなことなら、いっそ工業の「奨励」などしないで無統制にした方が「平民」にとってはプラスになる。保護貿易は自国産業を保護するというが、内実は特権「商人貴族」を保護しているだけである。いっそのこと「自由貿易」にしてもらいたい。

こうしてアンシアン・レジーム下のフランスでは重商主義的な制限や統制にたいする反対の気運

がもりあがった。フランスでは「王の官僚」による産業の規制があまりにも強かったのである。「自由にさせてくれ。放任しておいてくれ。」こうして新しい経済思想がフランスの「朝野」に拡大した。「朝」はブルボン王朝をさす。体制側の指導的政治家も先頭に立った経済思想運動である。

重農主義

重農主義（physiocratie, physiocracy）という日本語をみると、いかにも素朴な農本主義であるかのように思われるが、実はそうではない。physio - は「自然」を、そしてcratie は「支配」を意味する。「自然の支配」すなわち農業生産、農業労働を産業の基盤と考える立場である。

アンシアン・レジームの時期、商工業ブルジョワは国王の進める重商主義政策のなかで一応安住――強力な規制に反撥しつつも――していたが、重税と凶作に苦しむ多数の農民大衆が一方に存在した。重商主義政策のかたわらで放置された農村の荒廃はブルボン王家の「朝野」の識者に大きな心痛を与えつつあったのである。そしてフランス王国の農業の振興に腐心した知識人のひとりが重農主義の創立者フランソワ＝ケネー（François Quesnay）であった(17)。

ケネーは科学アカデミー会員にもなった有能な医師であった。ルイ十五世ならびにその愛妾ポンパドゥール夫人の侍医となり、ヴェルサイユ宮殿に住んだ。一階のポンパドゥール夫人の居室と二階の国王居室の中間の中二階に住んだという。しかし宮廷内のスキャンダルには無関心で、それにかかわることはなかった。それどころか、ディドロらが企画した『アンシクロペディ』（『百科全書』）に幾つかの論説を匿名で寄稿したという。一七五〇年代から農業問題に強い関心をもつようになり、アンシアン・レジームの危機の根源を、当時のフランスの基幹産業である農業の荒廃にあると考え、農業再建の方策をさぐるとともに農業生産の経済原理を明らかにした。

一七五八年に彼が著した《*Tableau économique*》は画期的なものであった。この書物は我が国では『経済表』と訳されるが、単なる「表」（table）ではなく、農業生産と再生産の過程を明快に示した「図式」（tableau）なのである。

ケネー

そしてケネーと、ケネーの理論に指導された多くの学者が重農学派という理論グループ、意見グループを構成し一七六〇年代から一七七〇年代にかけてフランスの政界、学界に大きな影響を与えることになる。三十歳代のラヴォアジエもこの思想の洗礼を受ける（後記）。農業生産と取引の完全な自由を主張し、国家の規制に強く反対するこのグループの気風は「レセ・フェール、レセ・パセ」（Laissez faire, laissez passer）というスローガンとなって拡がっていった。「好きなようにさせてくれ、ほっておいてくれ、自由に通してくれ」という意味である。この標語はケネー、あるいはグールネイという人の発案によるといわれるが、後に古典派経済学の創立者となるアダム＝スミスによって再びとりあげられて、自由経済、自由貿易のスローガンとなる。自由市場のための産業の規制廃止と自由貿易を最終目標とする重農学派の意見と主張はつぎのようなものであった。

私有財産、とくに土地の所有は神聖不可侵のものである。そしてその土地の上で働く農民には耕作の自由、農作物取引の自由が保証されねばならない。穀物をパリへ運びこむのに課税するなど、もってのほかだ。土地は富の唯一の源泉で、そこで働く農民の耕作労働は唯一の生産的な労働である。農民が屋内で織物を作っても、それは有用な作業ではあるが、生産的な労働ではない。農産原料の形を変えているだけで、新たにものを生産したことにはならない。要するに商工業は物を生産しているのではなく、農業だけが原料を「生産」しているのだ。職人が原料を製品に変えても、付加価値と職人の給料はたがいにキャンセルし、「富」は増加しない。農業のみが「富」を生みだす。工業は不生産的で、農業は生産的である。農産物は、自然がもたらす、「自然の支配」、自然の恩恵による純生産物である。農産物こそ富の真の増加分である。

以上の重農主義の思想は素朴農本主義と近代の経済思想の中間のものを思わせるが、重大なイデーを含んでいる。第一に重農学派は、国民の富は「ためこんだ財貨」ではなく、労働の産物であると指摘した。つまり富は貨幣ではなく、労働が生みだす生産物であるとして、近代の労働価値説の原型を与えたのである。第二に重要な点は、規制ではなく、完全な「自由」こそが最大の生産のための唯一の有効な政策だと考えたことである。

土地に投下された労働だけを唯一の生産的労働と考える重農主義者の考えはたしかに一面的であるが、その根本思想を高く評価しつつ、一七七六年、『国富論』によって経済学を大成したのはアダム＝スミスである。

行政官・財政家・農政家ラヴォアジエ　一七五八年のケネーの『経済表』に始まる重農主義は十八世紀後半のフランスを中心に大いに流行した。一七六〇年代～七〇年代にわたる約二十年間が重農学派の盛期とされるが、その時代はラヴォアジエの壮年期の始まりにあたり、彼が官界にのりだした時期でもある。当然に彼をとりまき、彼を引き立てた人々のなかには多くの重農主義者がいた。

ラヴォアジエより数年先輩にあたるピエール＝サミュエル＝デュポン＝ド＝ヌムールは学派の開祖ケネーの弟子で、「自然の支配」を意味する**重農主義**の語の創案者でもある。ラヴォアジエはこの人物と親交を結んでいたから、重農学説についても多くの教示を受けたことであろう。ピエール＝デュポンは大革命の年一七八九年にアメリカへ渡った。そして重農派らしく広大なアメリカの土地に目をつけたが、いっしょに渡米した次男――ラヴォアジエの化学の弟子――はやがて火薬製造で儲け、今日世界最大の化学企業のひとつとなったデュポン社の創立者となる。これについては後章で再び触れる機会があろう。

ラヴォアジエは重農学派のジャック＝テュルゴーとも親交をもった。そして官僚としてテュルゴーの「側近」となっていった。テュルゴーは一七七四年、蔵相となるが、その要請でラヴォアジエが一七七五年、王国火薬監督官に任命され、この「二重高官」が火薬廠に転居して大実験室を建設したことは前に記した。「二重高官」とは、徴税官と火薬監督官の兼務をさしている。一七七六年のテュルゴーの失脚とともにケネー以来の重農学派というグループは解体したが、この経済思想は根強く残り、大革命（一七八九）前後まで影響力を発揮したという。

前に記したようにラヴォアジエは一七七八年、三十五歳のとき、ブロア近郊に広大な農地を買い、超多忙なパリでの「役人学者」生活の疲れをいやす別荘をたてるとともに、大規模な農業研究を始めた。ここでの農業改良の実地研究や、化学者としておこなった農芸化学的研究、呼吸の研究その他の生命化学的諸実験が全体として彼の重農主義的傾向と無関係であったとは決していえないであろう。

行政官・財政家・農政家としての彼はこの後も大革命期にかけて割引銀行の理事、大蔵省の高官などを勤めながら、革命後もフランスの財政改善のために努力する。たとえば革命二年後の一七九一年には長文の論説『フランス王国の土地の富について』を書いたといわれる。重農学派ラヴォアジエの健在ぶりを示すものである。

こうして、当然のことながらラヴォアジエは典型的な十八世紀人であった。同じく十八世紀人でありながら、プリーストリは十八世紀に埋没し、十八世紀の思想に殉じた。そしてラヴォアジエは十八世紀を克服した。

（注）日本語の「重農主義」の原語はアダム＝スミスの Agricultural Systems であるという。

2　十八世紀フランス啓蒙思想のただなかで

ラヴォアジエがフランス啓蒙主義のただなかで生誕し成人したことをⅡ編・1章の末尾で記した。そして同時にブルボン王朝のアンシアン・レジームのなかで体制側の要人として活動したことをのべてきた。官僚・財政家として重農主義の洗礼をうけたことを前章で語ったが、「化学者・科学者ラヴォアジエ」の思想形成に重大な影響をおよぼした啓蒙主義について記すのが本章である。

科学史家クロスランドが[18]、「ラヴォアジエの著書の共著者」とまで言って重視するフランス啓蒙期の哲学者コンディヤックを引用するのが本章の主目的であるが、その前にヨーロッパ科学思想の歩みを簡単にふりかえっておこう。

化合物に「科学的・合理的」な名前をつけるのはラヴォアジエ学派の偉大な業績のひとつであるが、それが実現するためにはそれなりの思想的、実践的な前提と伝統があった。

はじめに言葉ありき

新約聖書ヨハネ伝福音書の冒頭の一節「はじめに言葉ありき。万物これによりて造らる」は有名で、その最初の句はゲーテ『ファウスト』第一部、書斎の場にも“Im Anfang war das Wort.”となってあらわれる。

「言葉」、あるいは「名前」にかかわって思いだされるのは、いわゆる普遍論争である。中世スコラ哲学におけるこの論争、すなわち万物に先だって普遍（universalia）なるものが実在すると説くプラトン的な実在論（realism）と、普遍は架空の観念にすぎず、実在するのは名前をもつ個物だけであるとする唯名論（nominalism）との論争は、元来はキリスト教の教義論争にかかわって学界、宗教界を騒がせた。

そして「実在論の説く普遍が実は実在しない無内容の観念にすぎず、現実に実在するのは個物のみである」とする唯名論の立場をとり、継承していったのがほかならぬ十七、十八世紀のイギリス啓蒙主義・唯物論・感覚論・経験論の哲学である。スコラ的な偏見、独断を克服して感覚から出発し、実験により帰納的に自然法則を発見していこうとしたフランシス＝ベーコンは彼らの先達といえよう。

ジョン＝ロック

十七世紀のイギリス啓蒙主義、すなわち「伝来の権威、偏見、俗信からの思想の解放と、自由な批判の態度の確立、普及を目ざす運動」を代表した人物ジョン＝ロックは哲学者としてはイギリス経験論哲学の祖となり、政治理論家としては近代市民社会の中心原理である民主主義の原則を追求した。心のなかに先験的な観念のあることを認めず、白紙のような心に「感覚」と内省によりえられた知識が生ずるとする一貫した唯名論者であった。外的感覚による観察と、内的過程である内省との両者により知識を構成していこうとする立場は一種の二元論であるが、知識を「経験」と「感覚」に帰着させ、先験的観念を承認しない点は画期的である。

ロックはまた言語にたいして理論的な考察を加えた先駆者であるといわれる。彼によれば言語は任意の約束ごとにすぎず、心のなかのアイディアを示すだけで、先験的な実在ではない。これは唯名論の立場で、プラトン流の実在論ではない。個々の人間の知性は、共通の言語上の約束を共有するならば、たがいに理解、確認されることができる。言語がそのようなものである以上は、約束ごとを理解しないで「名前」や「言葉」を乱用、誤用する危険がないわけではない。それを防ぐためには記号としての言語の意味と定義を正確に規定しなければならないとする。ロックは一般化、抽象化、普遍化などを言語という観点から分析したが、その教訓は当然のことながら十七、十八世紀の自然科学の近代化にとってきわめて大きな役割を果した。

ロックは哲学の領域だけでなく、実践的な問題、とくに政治思想の領域でも重要な寄与をした。彼は専制主義に反対して、国民の自由と政治的秩序を調和させようとする。彼によれば、人は生まれながら自由であり、平等の権利をもっている。人は自然の状態に置かれるのが最も望ましいが、人口が増加し、土地がせまくなると、何らかの権威による規制が必要となる。その権威を人民の「契約」により少数のものに委ねるが、そこにはあくまで「理性」が支配せねばならぬ。君主も厳格に「法」に従わねばならぬ。

ジョン＝ロックの思想はその後のイギリスおよびアンシアン・レジームのフランスの科学と政治に大きな影響を与えた。

経験主義の立場で彼の先達フランシス＝ベーコンも研究方法（帰納法）をテーマとしたが、それは自然研究の態度や方法であって、哲学と思想の新世界を開いたわけではない。ところがジョン＝ロックの政治思想が、やがてくるフランス革命に与えた影響についてはいまさら言を費やす必要がなかろう。

コンディヤック

先進国イギリスのジョン＝ロック、ヒュームらの思想はやがてドーバー海峡をこえてフランスの知識人たちのあいだに根をおろし、十八世紀フランス啓蒙主義を構成する。啓蒙期の文人のなかでラヴォアジエに最も強い影響を与えたのは、ロックの『知性論』（一六九〇）などから出発したコンディヤック（E. B. de Condillac, 1715～1780）である。

デカルト

デカルトは『方法序説』（一六三七）のなかで「明確な思想は明確な言葉のなかにある」と説いたが、同じくコンディヤックも「正しい論証は正しい言葉使いに帰着する」といった。彼は主著『論理

ジョン＝ロック

学』（一七八〇）のなかで「怪しい言葉が過ちのもと」ともいった。

フランスに渡ったイギリス思想のうち、フランスで大いに拡大、発展したのはロックの知識論であるといわれる。ロックの「二元論的」知識論、すなわち知識の源泉を「感覚」と「内省」の両者に求める立場はイギリス本国でも問題になっていたが、フランス啓蒙派の先達ヴォルテールは「感覚」を重視する立場をとったという。そしてこの感覚論的思想をフランス人らしい明快さで一元論的に徹底させたのはコンディヤックであり、それを科学思想、化学理論の面で継承し、実践したのはほかでもないラヴォアジエであった。

コンディヤックはロックの思想に傾倒し、十七世紀流の先験的な理性論に強い批判を加えた。観念の内容を分析もせず、起源を探究することもせずに、「人の本有観念」とか「自然の光」とか「理性」とかを設定して、そこから出発するのは最も誤った方法であるとする。彼は一切の精神作用を、感覚された要素の合成、要素の変形物と考えて、「感覚」と「内省」の二元論に立つジョン＝ロックをしりぞけ、感覚一元論を樹立しようとした。心のなかでの感覚の「変形」については数学における「変換」のようなものを想定した。思想を構成するにあたって数学に範を求める態度は古くはプラトン、近くはデカルトに例があるが、コンディヤックの「数学のように……」は、自然科学者であるラヴォアジエを強く引きつけたようである。

前記したように、ロックは「言語とは何か」について考察したが、コンディヤックもまた言葉の重要性を指摘した。彼によれば、適切にもちいられた「記号」としての言葉は、感覚がとらえうるものの範囲を大いに拡大してくれる。記号としての言語は観念の分析に必要不可欠であるが、さらに進んで科学の体系化を考える場合には、よく整備された明快な言葉は科学の本質ですらある。ロックは言語の誤用を心配したが、コンディヤックは、周到に組み立てた言語体系をもちいるかぎり心配はないとする。

「よい言葉は科学の本質」とまでいい切り、「数学のような哲学」を期待したコンディヤックの思想はジョン＝ロックよりも一層徹底している。十八世紀で最も進んだ「科学の哲学」ともいうことのできるコンディヤックをラヴォアジエがいかに高く評価していたかは、次章以降でその著述を紹介するときに再び触れることとなろう。

コンディヤック

ともあれ十八世紀フランス啓蒙思想はまことに多彩であった。ロマン主義の先駆者ジャン＝ジャック＝ルソーはフランス革命を呼び起こした。

そしてコンディヤックはラヴォアジエに乗り移って「化学革命」を遂行させた。

化学命名法の背景

ラヴォアジエの「化学革命」の内容を具体的にいうならば、次章のテーマとなる『化学命名法』の確立と、その次の章の内容となる『化学原論』の執筆である。

自然科学において命名法ごときがなぜ重要な問題となるのか、「ものに名前をつけてどうなる」と怪しむ読者が多かろう。ラヴォアジエの化学革命といえば、元素概念や質量保存則の確立と言いたいが、命名法では……と首をひねる人もあろう。

そこで前節では、ヨハネ伝福音書冒頭にまでさかのぼり、中世の普遍論争を通ってジョン＝ロックに至り、ラヴォアジエが傾倒したコンディヤックに言及して、ヨーロッパ文明における「言葉」の重要性を指摘した。フランスには「概念を使って書き、語る人」を知識人と定義する習慣があるという。

余談はさておき、『化学命名法』のなかのラヴォアジエの語句を拾いだしてみよう(18)。

「今や化学から、その進歩を妨げるあらゆる種類の障害をとりのぞき、化学のなかに真の「分析」の精神を導入すべき時がきた。我々の確証するところによれば、この改革は「言葉」を完成することによってもたらされるのである。」

前節でのべたことを記憶する読者は、この言葉使いがコンディヤックの「申し子」のものであること、啓蒙哲学者のテーゼの再録であることを容易に看取することができるであろう。ラヴォアジエの『化学命名法』の思想的、哲学的背景については、したがってもうこれ以上の言及は必要ないであろう。

ところでもうひとつの背景がある。それは科学上の背景、しかし化学的ではない背景である。一七八〇年に出たコンディヤックの『論理学』は、やがて出るラヴォアジエの『化学命名法』（一七八七）や『化学原論』（一七八九）など、彼のライフワーク執筆にさいしての哲学的支柱となったが、もうひとつの「化学的ではないが科学上の」先達といえば、それはスウェーデンの大植物学者リンネの植物命名法の精神であった。

リンネ（Carl von Linné, 1707～1778）はコンディヤックよりも八歳年長の同時代人である。幼少年時代から生物を熱愛し、アリストテレスの『動物誌』を愛読したという。医学から植物学、動物学に転じ、やがて近代生物学の創立者のひとりとなった。薬草の学問として当時は医学の一部にすぎなかった植物の研究を、動物の研究とともに近代的な科学＝植物学・動物学として発展させる基礎を造成した。『植物学批判』、『植物の種』、『自然の体系』ほか多数の革新的な書物を書き、自らもその最も実り多かった数年間をふりかえって「先人たちが一生かかってもなしえなかったほどのものを書き、発見し、一層偉大な革新をおこなった」と語ったという。教授としてもその魅力的な人柄で学生その他を引きつけ、王室主治医にもなった。

さて、いま、リンネは生物学を近代的な科学に仕立てた、といった。学問を「近代的」にし、

「科学的」にするためには「言葉」を整備しなければならない。これがリンネの第一の仕事であった。すなわち植物、動物に合理的な「名前」をつけなければいけない。一貫性のある体系的で能率的な命名システムを完成させた最初の人物として世界はリンネを評価し、彼の命名法の原理を採用したのである。それが今日全世界に普及している二名法によるいわゆる「学名」の記載である。

リンネに始まる**二名法**の原理を実例にしたがって復習しておこう。生物は門、綱、目、科、属、種にしたがって分類されるが、種の名称は属名と種名を並記する二名式である。まず全体を記す言語を、十八世紀当時学術上の国際語として通用していたラテン語とする。そして属名をラテン語の名詞形で、種名を形容詞形で書く。たとえばヒトはホモ・サピエンス（Homo sapiens）である。ネコ属の動物にはみな属名 Felis をつける。そしてネコ属のライオン、トラは Felis leo および Felis tigris となる。カイネコは Felis domestica である。そして命名者の名前をいれるばあいはそれを最後につける。ツバキは命名者リンネの名をつけて Camellia japonica Linnaeus というのだそうである。いま絶滅の危機にある日本産の鳥類トキの学名はニッポニア・ニッポン（Nipponia nippon）という珍しいものである。このようなリンネの二名法の精神が万国命名規約として永久に国際化されたのは二十世紀の初頭一九〇五年のことであるという。

化学命名法へ——革命の前夜　当然のことながら「革命」には飛躍的で断絶的な側面と連続的な側面がある。合理的な化学命名法の体系がラヴォアジエらによって突然樹立されたわけではない。

リンネの生物命名法の精神（二名法）を継承して化学命名法の革新に一石を投じたのはリンネの同国人でウプサラ大学の化学の教授であったベルイマン（あるいはベリマン T.O.Bergman スウェーデン人なのでベルグマンとは読まない）である。彼はリンネと親交があり、リンネの感化を強くうけ、二名法の原理を化学に導入しようとした。リンネが植物の分類をするにあたって、色や医薬効果ではなく、オシベやハナビラの数のような部分に注目したこと、すなわち「分析的な方法」を採用したことを高く評価したという。また命名にあたって、似た物質には似た語尾をつけること、金属名には語尾 -um（例 マグネシウム magnesium）をつけることなどを提案したという。

当時のヨーロッパ化学界には、錬金術時代からの伝統に従って複雑怪奇な物質名が多かった。たとえば今日の濃硫酸は当時フランスでは「礬《ばん》の油」(huile de vitriol) などと呼ばれていた。後にラヴォアジエの『命名法』の共著者のひとりとなるギトン＝ド＝モルヴォー（L. B. Guyton de Morveau）はこのような状況に不満をもっていたが、やがてベルイマンの書いたものを読むにおよんで強い影響をうける。そしてリンネ–ベルイマン流の二名法を最良のものと考えるようになる。当時は塩類を呼ぶのに「誰それ氏の塩」などとする流儀が定着していたが、ギトンは二名法により金属名と、形容詞化した酸の名を並記することを提案した。硫酸銅、塩化鉄というごときである。

ともあれこのような経過の詳細については専門書にたよることにして[18]、とりあえずここではラヴォアジエに向って急ごう。革命近いパリを一瞥したうえで次章へ向おう。

国王権力による三年ほどの上演禁止の後、一七八四年、ボーマルシェの『フィガロの結婚』が上演された。アンシアン・レジームを徹底的に諷刺したこの芝居はパリ民衆の熱狂的な支持をうけ、観客からは死人、怪我人が出たと伝えられている。芝居好きだったラヴォアジエがこれを見たかどうかはわからない。「大先生はヴォルテール」で終るこの劇は、ルソー、モンテスキュー、ディドロらによって準備されたフランス革命の気運を一気に高めたといえよう。

この芝居の評判はウィーンへ伝わり、一七八六年、モーツァルトのオペラ『フィガロの結婚』となってプラハで絶讃を浴びた。

翌一七八七年、『化学命名法』が出る。大革命の二年前である。

3　化学命名法（一七八七）

科学の領域で、ものに名前をつけることになにほどの意味があるのか、と考える人が多かろう。そう思って前章ではラヴォアジエらの『命名法』に至る「精神の系譜」を二つの経路にしたがって追ってみた。

第一の経路は十八世紀フランス啓蒙主義の影響、具体的にはコンディヤックの思想がラヴォアジエに与えたものである。あとで記すように、ラヴォアジエは『化学原論』の冒頭の序文のなかにコンディヤックの語句を「一字一句そのまま書き写して」引用する。

化学命名法に流れこんだ第二の潮流は、リンネの植物命名法に発するものである。リンネの命名法の思想とフランス啓蒙主義とのあいだに直接の関係はないようであるが、その「分析的」な――オシベの数などによる――分類の思想は、デカルトに始まり、ジョン゠ロック、コンディヤックと続いた十八世紀科学思想の展開線上にあるとみてよかろう。

かくてラヴォアジエは経済思想において重農主義者であり（Ⅳ編・1章参照）十八世紀人であったように、哲学思想と科学思想においても典型的な十八世紀人であった。しかし彼はその業績と

『命名法』、『化学原論』などの作品によって近代化学の古典的基盤を確立した。ここに彼の傑出した点がある。情緒的との非難を恐れずにいうならば、プリーストリは十八世紀の精神に殉じ、十八世紀の精神「に」引きずられて生涯を終えたが、ラヴォアジエは十八世紀の精神「を」引きずって十九世紀へ送りだした。酸素説燃焼理論の鍵となる物質「酸素ガス」はラヴォアジエによれば「酸素原質が熱素に包まれたもの」である。この十八世紀的描像に安住しながら彼は酸が複合体（化合物）であることを示して、酸を単体（元素）とする十八世紀の観念に決別したのである。実験事実に忠実であろうとする彼の素朴唯物論的姿勢が彼を逆行させなかったのであろう。

名は体をあらわす

名は体をあらわす、という言葉がある。しかし当時ほんとうに名が体をあらわしていたであろうか。

当時物質に発見者の名をつけることがしばしばおこなわれた。たとえば「グラウバー氏の塩」なるものがあった。十七世紀ドイツの医師グラウバーによって下剤、利尿剤など医療にもちいられたが化学的本体は何であるのかわからない。後にラヴォアジエが提案する命名法の流儀でいえばこの物質は硫酸ナトリウム十水塩 $Na_2SO_4 \cdot 10H_2O$ である。これならば名は体をあらわす。

現代社会には商品名で呼ばれる化学品が無数にある。テトロンは重要な合成繊維の材料であるが、この商品名では、名は体をあらわさない。二百年前にラヴォアジエが提案した流儀でいえばポリエチレン・テレフタレートとなる。エチレングリコールとテレフタル酸のポリエステルという意味で、名前がよく体をあらわしている。おなじく有名な合成繊維にナイロンがあるが、名が体をあらわすようにするならば、ポリヘキサメチレン・アジパマイドといわねばならない。ヘキサメチレンジアミンとアジピン酸のアミドであるポリマー（高分子）という意味である。

もっと簡単で基本的な物質を例にして、名が体をあらわすにはどうすればよいかをしらべよう。たとえば

$$\begin{array}{l} CH_3CH-CHCH_2CH_3 \\ \quad\;\; | \qquad | \\ \quad CH_3 \;\; CH_2CH_3 \end{array}$$

という有機化合物は、ペンタンの側鎖にエチル基とメチル基がついたものなので、とりあえず命名はエチル・メチル・ペンタンとなるが、これでは側鎖がどこについているかが不明で「名が体をあらわさない。」そこで正式名は3‐エチル‐2‐メチル・ペンタンとなる。主鎖の3番目の炭素にエチル基がつき、2番目の炭素にメチル基がついたペンタンという意味である。これならば曖昧《あいまい》さはなく、「名が体をあらわした。」また

$$CH_2=CHCH_2CH=CHCH_3$$

は、ヘキサンに二重結合がふたつあるので、ヘキサジエンとなるが、これでは不飽和結合の位置が不明である。結局1、4‐ヘキサジエンとして「体をあらわす名」が完成する。

有名な殺虫剤DDTはジクロロ・ジフェニル・トリクロロエタンの略称である。しかしこれでは成分とその数はわかるが、構造がはっきりしない。結局正しく「体をあらわす名」は、1、1-ビス（4-クロロフェニル）-2、2、2-トリクロロエタンとなる。

有機化合物の化学は二百年前のラヴォアジエの命名法の枠《わく》をはるかに越えて複雑多様化している。しかしコンディヤック-ラヴォアジエの命名法の精神は脈々としてうけつがれていると思う。すなわち「成分がいくつ、どのように結合しているかを分析的に、体系的に、そして曖昧《あいまい》さなく、論理的に示すような命名法を」という精神である。

ちなみに現在われわれが依拠している命名法はラヴォアジエらの『化学命名法』そのままではない。有機化合物についていうと、十九世紀末一八九二年にヨーロッパ九か国の化学者がスイスのジュネーブに集まって制定したものがあるが、やがて第二次大戦後になって国際純正・応用化学連合が中心になって有機化合物について、やがて無機化合物についても命名法が検討され、一九六九～七一年にわたって制定されたのである。

化学命名法—そして
もうひとりの著者

コンディヤックやラヴォアジエの意見を紹介しながら「科学の言葉は科学そのもの」とくりかえし記してきた。「脱フロジストン空気」という言葉を使う燃焼理論と、「酸の成分＝酸の素《もと》」を中心とする燃焼化学が全く違った科学体系になることは容易に了解されよう。科学用語の違いは科学そのものの違いになる。そうであれば、新しい化学の樹立を目的とする者は当然に化学用語、化合物名の新体系を樹立せねばならない。ラヴォアジエの新化学体系はアリストテレス流の四元素体系でもなければ、フロジストン体系でもない。それは「化学革命」となる理論体系であったので、その内容に適合するように化学用語を改革する必要がある。これが『化学命名法』出現の必然性であった。

しかし必然性がさし示すままに事態が自然に進行するわけではない。時代はまさに幕末・維新の一大過渡期、勤王・佐幕両派抗争のころと同じで、学界ではフロジストン派と酸素派がたがいに鎬《しのぎ》を削《けず》っていた。「正しい」はずのラヴォアジエの体系をフランスの化学者が自然に一斉に採用しはじめるわけはない。まずは「同志」が集まって「ラヴォアジエ学派」が構成されなければならない。「同志」はそれなりの実績と実力と影響力をもつ人物でなければならない。時は一七八五、八六年のころである。

まず一七八五年四月、工業界でも著名なベルトレ（C.-L. Berthollet）がフロジストン派から酸素派に転向した。科学アカデミー会員であり、彼の発見した塩素の漂白作用は晒粉《さらしこ》として実用化され、先進国イギリスの産業革命に大いに寄与したという。重要産品である綿布の漂白に使われたのである。その意味で彼は第一級の工業化

ベルトレ

学者でもあったのである。ベルトレは、ラヴォアジエの水の分解と合成の実験にアカデミー会員としてたびたび立ち合っているうちに自らの旧化学の誤りに気づき、結局前記一七八五年春、フロジストン派からラヴォアジエ学派に「転向」することを公表した。

「酸素学派」は徐々に勢力を伸ばし始めた。実は、そもそも気体の化学はブラック、キャヴェンディッシュ、プリーストリらイギリスの学者たちによって先鞭をつけられたものであるが、種々の気体を呼ぶのに「固定空気」、「可燃性空気」などと称し、いろいろの「空気」という認識であった。ところがラヴォアジエは「活性空気」＝「純粋空気」すなわち酸素ガスに特別の注意をはらい、この気体を主人公にして燃焼理論を樹立し、動物の呼吸を論じ、酸の組成、水の組成を解明し、さらに化学全体の革新を企図していた。その意味で世人はフロジストン化学に対抗して「空気化学」、「気体化学」という名をラヴォアジエの化学に与えるようになった。イギリス「空気化学」のお株を奪った形である。

さて、ベルトレがラヴォアジエの空気化学（chimie pneumatique）の仲間に入ったあとギトン＝ド＝モルヴォー（L.-B. Guyton de Morveau）がこの陣営に参加する。ギトンはフロジストン派であった一七八〇年代初期から、前に記したように、命名法の問題に深い関心をもち、命名法の論文を発表していたが、同時に自らのフロジストン「信仰」が動揺し始めるのを感じていた。やがてベルトレの「転向」を知るや、ラヴォアジエを訪れ、その実験をみて空気化学派になった。一七八七年ごろのことである。

同じころ若いフールクロワ（A.-F. Fourcroy）がシュタールの体系を捨ててラヴォアジエの化学を教え始めた。彼は化学教育に熱心な人物であった。そして「誰それ氏の塩」などと呼ばず、本性をあらわす命名をすべきだと考えていた。

いよいよ機は熟した。一七八六年から八七年にかけ新命名法の作業が始まった。ラプラスのような数学者、物理学者も協力したという。コンディヤックに傾倒していたラヴォアジエがキャプテンであれば当然のことであろう。この二人は、「化学を数学のような学問に……」と考えていたのである。

一七八七年夏、『化学命名法』（Méthode de nomenclature chimique）が刊行された。驚くべきスピードである。関係者の熱狂的努力がうかがわれる。著者は年長順にギトン（五十歳）、ラヴォアジエ（四十四歳）、ベルトレ（三十九歳）、フールクロワ（三十二歳）であった。

そして、本書の扉にその名前がのっていない著者、もうひとりの共著者がいる。それは哲学者コンディヤックである[18]。もちろん彼は一七八〇年に没しているから、本書の計画、準備、出版の時点では生存していないが、その無形の甚大な寄与についてはすでに度々言及した（Ⅳ編・2章参照）。ラヴォアジエはコンディヤックの観点を引用し、化学命名法の革命をなしとげるためには、化学言語を正しく組み立てることが最も必要であることを強調した。科学が良き終りを全うするためには、始めに良き言葉がなければならぬことを彼は本書で実践してみせるのである。
『命名法』で「四人組」が示した「よき言葉使い」とは何か。次節に平易な実例を示そう。

体をあらわす名を

十八世紀当時の化学物質の名は、とても「名は体をあらわす」という諺《ことわざ》に合うようなものではなかった。では「体をあらわす名」をどのようにつけるか。錬金術時代からの複雑怪奇な化合物名にたいし、ラヴォアジエらは、本性や成分がよくわかる命名をしようとした。そして表現形式としてはリンネの二名法の原理が大いに参考になる。

ここでは、ラヴォアジエの命名の精神や基本原理を理解しやすく伝えるために、現代化学の用語を使って説明しよう。塩《しお》あるいは食塩といったのではこの物質の本態はわからない。そこで現代であれば塩化ナトリウムということにするのである。こうしてこの物質は塩素とナトリウムからできていることがはっきりとわかることになり、この名は体をあらわしている。炭酸ガスを示す名前が当時九つもあったというが、現代流に二酸化炭素といえば明瞭である。これがラヴォアジエの精神である。

ラヴォアジエ以前の時代から下剤などの医薬に使われたエプソム塩（sel d'Epsom）は『命名法』の精神により硫酸マグネシウム（正しくはその七水塩）となり、組成ははっきりする。

硫酸塩系の鉱物・無機物を昔「礬《ばん》」と呼んだ。そしてこの字をつけて呼ばれる幾つかの化合物がある。膽礬《たんぱん》は「青い礬」(vitriol bleu) の意味で硫酸銅の五水塩、すなわち五分子の結晶水を含んで結晶する美しい青い結晶である。同じ流儀で「緑礬《りょくばん》」(vitriol vert) は緑色をした物質で、ラヴォアジエの精神に沿った現代化学の命名では硫酸第一鉄の七水塩結晶である。そして白色の結晶「皓礬《こうはん》」は硫酸亜鉛の七水塩結晶のことである。

今日の硫酸は当時「礬《ばん》の油」(huile de vitriol) と呼ばれた。とくに濃硫酸にたいしてこの名がもちいられたが、粘度の高い重い液体にたいする感覚的な名称である。ラヴォアジエらは「体をあらわす名」として「硫黄の酸」(acide sulfurique) すなわち硫酸と呼ぶことを提案し、今日それがもちいられている。炭の酸すなわち炭酸 (acide carbonique) と同じ流儀である。

ラヴォアジエがその著『化学原論』(次章参照) のなかで、前記「礬《ばん》の油」とならべてとくに批判しているのは「アンチモンバター」(beurre d'antimoine)、「亜鉛の華《はな》」(fleurs de zinc) などである。それらは化学的に意味不明であるだけでなく、そもそも鉱物界、金属界に「バター」や「花」があるわけはない。そのうえ、いまここで「バター」と呼ばれている物質は実際のバターとは似ても似つかぬ激毒、猛毒のもので、誤解を招くこと甚だしい、となかなか手きびしい。実は「アンチモンバター」は三塩化アンチモンのことで、不純品はバター状となるので昔からこの名がある。「亜鉛の華」(日本語では亜鉛華《か》) は白色粉末状の酸化亜鉛のことである。

ここで、『化学命名法』と、ラヴォアジエの画期的業績である元素概念との関連について一言しておこう。さっき、『命名法』の根本思想は「食塩といわずに塩化ナトリウムといおう」ということであるといった。塩化ナトリウムは、塩素とナトリウムの化合物ということである。つまり物質名を構成元素、構成要素の名をあげて呼ぼうということである。そのためには当該物質がどのような単位＝元素から成っているかが把握されていなければならない。つまり命名法と元素概念とは表裏一体の関係にある、ということである。ラヴォアジエは『化学原論』（一七八九）を書くときにも、『化学命名法』の完成版を書こうとした。このことについて、そして元素についてては次章で再び触れることとなろう。

命名法と元素概念

化学記号について

命名法とならんで重要なのは化学記号、すなわち元素や化合物名をどのような「記号」で書きあらわすか、という問題がある。ラヴォアジエらももちろん記号を考案したが、結局今日採用されたものとはならなかったので、経緯のみを一言しておくにとどめよう。

記号については錬金術時代から各種のものがもちいられていた。たとえば金をあらわすには太陽の画を、銀を示すには月の画をかくというたぐいである。ラヴォアジエ、ギトン、ベルトレ、フールクロワが『化学命名法』を準備し始めたとき、化学記号の改革が当然に問題となり、若いアッセンフラッツとアデに依托されたが、結局世界的に普及するものは生まれなかった。

十九世紀に入り、ジョン＝ドルトンが登場し、独特の元素記号、化合物記号を考案した。それは酸素を○、水素を◉、炭素を●、硫黄を⊕などとあらわすものであったが、これも定着するには至らなかった。

結局スウェーデンの「化学の帝王」ベルセリウスのアルファベット式が普及し、今日に至っている。現在我々が使用している、水素をH、酸素をO、窒素をN、炭素をC、……とするもので、化学反応式、化学構造式を書きあらわす上で最も便利なものである。

フランスの「命名法」から世界の基準へ

ラヴォアジエの『化学命名法』は、その思想においても、形式においても画期的なものであったが、だからといってただちに受けいれられたわけではない。むしろ独自の思想のためにフロジストン派の反発を招いたともいえる。フランス国内においてもボーメなどが頑強に抵抗したが、とくにド＝ラ＝メトリという人物のごときは、自分が編集する科学雑誌を動員してラヴォアジエ学派を徹底的に攻撃した。酸素学派も反撃した。そして討論に訪れて転向して出ていく学者もあれば、フロジストン説と酸素説の間を動揺しながら帰っていく者もいた。

「空気化学」の先進国であったイギリスの化学者たちが『命名法』をどのように受けとめたかに

ついて一言しておこう(18)。

水素の発見者、水の組成の研究者として著名なキャヴェンディッシュは『命名法』にたいして好意的ではなかった。「反フロジストン観を暗に前提するこの体系は化学にとって有害である。理論体系に対応する命名法などを立てれば、理論の数だけ命名法が生まれ出てくることになる。」といったという。

気体の化学（炭酸ガス）、熱現象の実験などですぐれた仕事をしたジョゼフ＝ブラックはまもなく「改宗」してラヴォアジエ学派に入った。彼は「この命名法を受容することはとりもなおさず我々がフランスの化学理論に屈服することになる」と「なげいた」という。

各種の「空気」を発見しつつ、その死の時までフロジストン説の闘士として終始したプリーストリは当然の事ながら新命名法には反対であった。彼は相変わらず「〇〇の空気」という気体名にこだわり、「ラヴォアジエ一派のいう炭素、水素などはフロジストンにほかならない」などといって、反フロジストン理論に反対の姿勢、すなわち反・反フロジストンの態度を貫いた。

ではフロジストン説の「発祥の地」ドイツにおいては『化学命名法』の運命はどうであったか。たしかにベッヒャー、シュタールを祖先とするフロジストン理論は「ドイツの理論」として国粋主義的栄光を背負っていた。一方ゲルマン系言語であるドイツ語と、ラテン系のフランス語は語法の上で大きな相違があり、翻訳・転換が困難である。このような問題点があったが、結局「時」が解決した。多年の試行と論議の後ラヴォアジエの体系は受容されたのである。
こうして十八世紀末にフランスで誕生した命名法はやがて世界の化学の基準となる。

4 化学原論（一七八九）

ギトン＝ド＝モルヴォーらとの共著『化学命名法』（一七八七）が刊行された二年後、一七八九年三月、ラヴォアジエの単著『化学原論』（Traité élêmentaire de chimie）が出版された。フランス革命の発端となったバスチーユ襲撃（一七八九年七月一四日）に先だつこと数か月の時点である。ラヴォアジエのライフワーク『原論』——『化学教程』とも訳される——はラヴォアジエの化学体系の集大成、彼の「化学革命」の総仕上げ、そして何度もいったように、近代化学の古典的基礎を確立した傑作といわれる。シュタールの化学＝フロジストン説を一掃し、酸素説化学を世に普及する一大プロパガンダであり、彼が全力を注いだデモンストレーションでもあった。

『命名法』がそうであったように、この『原論』も、コンディヤックに発するフランス啓蒙思想の影を色濃くうつしている。その意味で『原論』がきわめて十八世紀的であることをこれからのべようと思う。

十八世紀の精神を引きずったラヴォアジエが導きだした新元素概念、質量保存則などは、しかしながら、化学の世界の基準となって今日に至った。それはなぜか。科学性、合理性、論理性追求の姿勢のためであろう。そしてそれこそコンディヤックの精神であった。

『化学原論』の化学的内容は幕末期に宇田川榕菴《ようあん》の著書『舎密《セーミ》開宗《かいそう》』によって我が国にも移植されたが『原論』の指導原理であったコンディヤックの精神はついに紹介されなかった。ヨーロッパの科学技術の輸入に熱心であった我が国の「先覚者」たちも、ヨーロッパ文化の核心にある思想と哲学と精神を取りいれる意欲をもたなかったのであろうか。「日本の近代化、西欧化とは何であったか。近代日本とは何であったか」を反省するためにも『原論』の序文に触れるのは興味があろう。

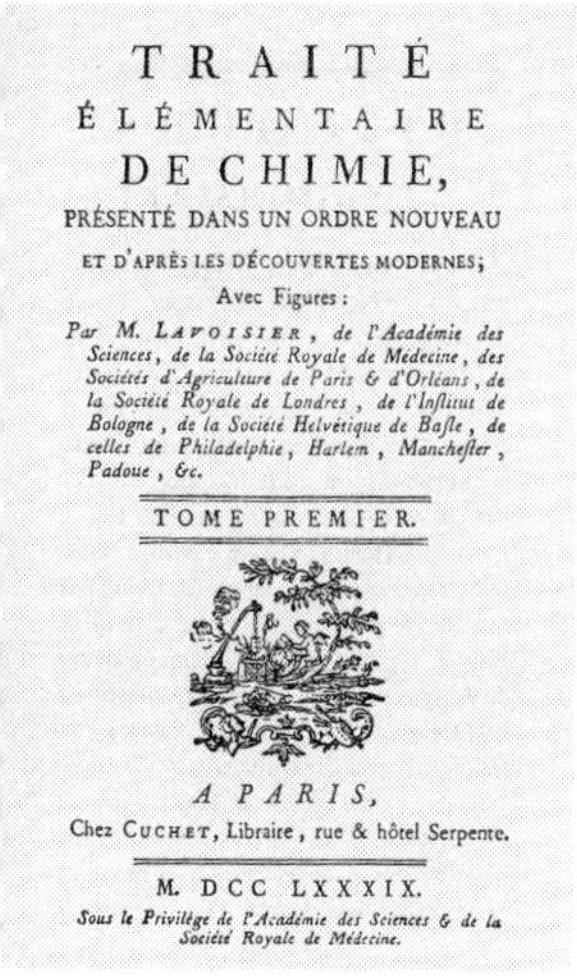
TRAITÉ
ÉLÉMENTAIRE
DE CHIMIE,
PRÉSENTÉ DANS UN ORDRE NOUVEAU
ET D'APRÈS LES DÉCOUVERTES MODERNES;
Avec Figures:
Par M. LAVOISIER, de l'Académie des Sciences, de la Société Royale de Médecine, des Sociétés d'Agriculture de Paris & d'Orléans, de la Société Royale de Londres, de l'Institut de Bologne, de la Société Helvétique de Basle, de celles de Philadelphie, Harlem, Manchester, Padoue, &c.
TOME PREMIER.
A PARIS,
Chez CUCHET, Libraire, rue & hôtel Serpente.
M. DCC LXXXIX.
Sous le Privilège de l'Académie des Sciences & de la Société Royale de Médecine.

ラヴォアジエ：『化学原論』

コンディヤックの濃い影のなかで

『原論』には長文の序文（discours préliminaire）がついているが、その冒頭でラヴォアジエは本書成立の経緯について興味あることをのべている。本来彼は『化学命名法』の完成版を、共著でなく単著で書こうとしていたというのである。四人の共著であった一七八七年版の『命名法』では自分の「哲学」が充分に生かせなかったと感じていたのであろうか。

そして彼の命名法の哲学が展開されるのであるが、その哲学はいうまでもなく前著のばあいと同様コンディヤックの思想である。彼はいう。

「自分は今までコンディヤック神父の著書『論理

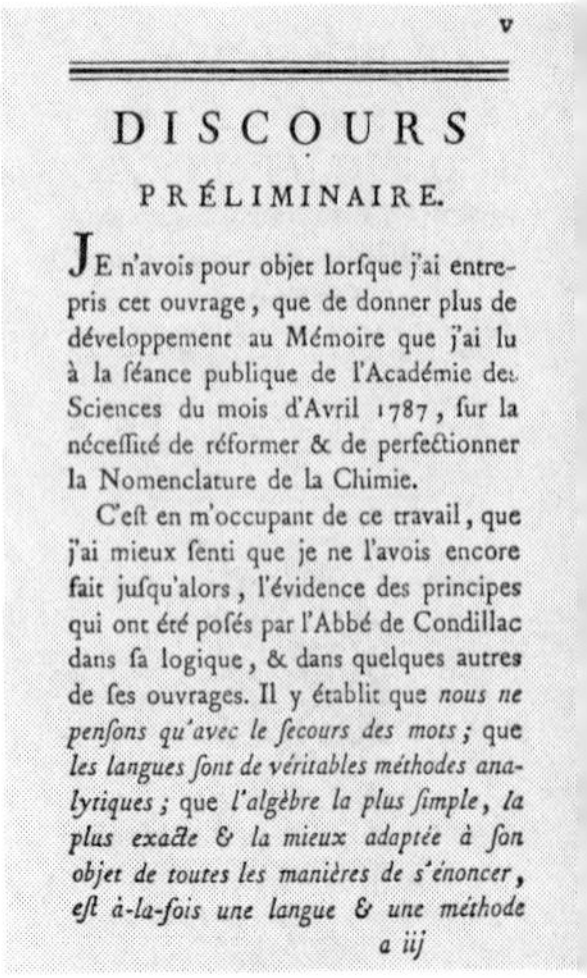
v

DISCOURS

PRÉLIMINAIRE.

JE n'avois pour objet lorſque j'ai entrepris cet ouvrage, que de donner plus de développement au Mémoire que j'ai lu à la ſéance publique de l'Académie des Sciences du mois d'Avril 1787, ſur la néceſſité de réformer & de perfectionner la Nomenclature de la Chimie.

C'eſt en m'occupant de ce travail, que j'ai mieux ſenti que je ne l'avois encore fait juſqu'alors, l'évidence des principes qui ont été poſés par l'Abbé de Condillac dans ſa logique, & dans quelques autres de ſes ouvrages. Il y établit que *nous ne penſons qu'avec le ſecours des mots;* que *les langues ſont de véritables méthodes analytiques;* que *l'algèbre la plus ſimple, la plus exacte & la mieux adaptée à ſon objet de toutes les manières de s'énoncer, eſt à-la-fois une langue & une méthode*

a iij

『化学原論』序文冒頭（コンディヤックからの引用がある）

学』に提起されている諸原理を充分に実現してこなかったと思う。神父によれば、我々は言葉によって思索している。言葉こそ分析の真の道具である。神父によれば、最も単純、正確、かつあらゆる表現目的に最もよく適合している代数学こそが一つの言葉であると同時に解析の手段なのである。結局神父によれば論証の術はよく整備された言葉に帰着する（l'art de raisonner se réduit à une langue bien faite.）。」

周到に組み立てられた体系的、合理的な『言葉』を使って事象を分析すれば真実に近づくことができると主張したコンディヤックの最後の著書『論理学』の発行は一七八〇年であるから、ラヴォアジエにとっては十年来の愛読書だったわけである。大革命前のフランス思想界に大きな影響を与えたこの哲学は「化学革命」の指導原理でもあったのである。

序文冒頭に戻ろう。ラヴォアジエによれば、命名法のことを常に念頭におきながら、そして「化学の言葉使い」を完成することを目的としているうちに、その作品はいつのまにやら彼の手のなかで、知らず知らずのうちに化学原論（un traité élémentaire de chimie）に変形してしまった（transformé）。それは自分でもコントロールできない、抵抗し難い力によってである、という。ラヴォアジエ化学の精神を考える上で興味ある述懐である。彼においては、化学の体系と命名法＝用語法とは密接不可分、表裏一体のものなのである。「科学は言葉」とするコンディヤックの哲学からすれば当然の帰結である。

彼はさらに師の哲学を祖述する。いわく、「科学の命名法」と「命名法の科学」は不可分のものである。なぜならあらゆる物質的科学は三つのものから成り立つ。科学を構成する事実の系列、事実を想起するイデー、イデーを表現する言葉の三者である。言葉は思想を生み、思想は事実を描写する。この三者は同一物の三つの姿である。科学の完成なしに言葉の完成はないし、言葉なくして科学はありえない。事実がいかに正確であろうと、そして思想がいかに完全であろうと、正しい表現がなければ、すべては虚偽に帰着する。

こうして時にはコンディヤックを引用しつつ、時には数学の論理性に言及して化学をそれに近づけようとしつつ、彼の序文＝化学哲学は延々と続く。

そして原理を説きつつ化学命名法の実践的な原則にも言及する。たとえば単体＝元素には単純な名前を提起する（例　酸素は活性空気、純粋空気などといわず oxygène といい、水素は可燃性空気といわず hydrogène という）。複雑な化合物、たとえば塩類はどう呼ぶか、三つの単体＝元素からなる物質をどう呼ぶか、等々。

こうして序文の末尾に近づくや再びコンディヤックの引用が始まる。「この序文を終えるにあたり、私はコンディヤック神父の幾つかの章句を丸写しする（transcrire littéralement）とことわった上で、二ページにわたって引用がなされる。引用の理由は「コンディヤックの言説が、ごく最近までの化学の現状を多くの真実をもって語っているように思われる」からである。そして「わざとらしく書かれたものでないこの章句は、正しく受容されれば有力なものとなるであろう」からである。ではその引用をみよう。

「最近の化学の現状とは何であったか。いわく、人は物事を観察しないで仮想しようとした。まちがった仮想からまちがった仮想へ、人々は誤謬の森をさまよってきた。やがてこの誤謬は先入観となり、ついに原理となり、人はますます迷妄のなかをさまようことになる。こうして人は、身につけた悪習だけに従って論証してきた。言葉に精通するかわりに、言葉を暴瀆《ぼうとく》する術が我々の論証術となってしまった。物事がこうなってしまった以上は、そして誤謬がこれほど蓄積してしまった以上は、残る手段は思考能力の秩序を再建することだけである。それにはどうするか。我々が学んだ全てを忘れることである。我々の思想を根源においてとらえなおすことである。我々の思想の創生を追求することである。そしてベーコンが言ったように、人間悟性を改造することである。

思考の再建は、教育があると自ら信じる人において、かえってますます困難である。そのうえ、きわめて明晰に、精密に、体系的に科学が扱われているような作品は万人の手もとには届かない。結局のところ、何も学ばなかった人々の方が、大いに研究した人よりも、そして科学の本をたくさん書いた人よりも、真実をよりよく理解することになる。

結局、よりよく観察し、観察を精密、正確に言語表現に移した哲学者たちによって科学は進歩した。哲学者たちは言葉を正し、人々のよりよい論証が可能になった。」

以上がコンディヤックからの引用に終始する序文の末尾であるが、切々と、そして激しい気魄で迫る筆の勢に感銘をうける。「空想的なフロジストン理論は誤謬の体系である。旧理論などは知らない方がましである。古い学説は忘れて、この『原論』を読んでほしい」といわんばかりの勢である。「ラテン語を読む人々のためでなく、フランス語しか読めない人のために」『方法序説』をフランス語で書いたといったデカルトを想起させる。「フロジストン説を忘れよ。シュタール以前の世に身をおけ」と舌端鋭く迫ったラヴォアジエの『フロジストンについての考察』のことはすでにIII編・2章で記した。

質量保存則

歴史のなかの化学を考えるとき、『原論』の序文は興味深い内容をもっている。テクノロジーとしての化学の輸入を急いだ幕末期の翻訳者たちが省略した『化学原論』の序文について前節で若干のページ数を費やしたので、いよいよ本論の簡単な紹介をしよう。

化学の研究と記述には、定性的（qualitative）と定量的（quantitative）のふたつの行きかたがある。定性分析、定量分析を例として説明しよう。試料のなかにいかなる名前の元素、いかなる名前の成分が含まれているかを決定するのが定性分析で、いかなる元素、いかなる成分が「どれだけ」含まれているかをしらべるのが定量分析である。食塩水をしらべて塩素イオンとナトリウムイオンを検出するのが定性分析、食塩の濃度、含有量をきめるのが定量分析である。

そしてこの定量分析のみならず、定量的研究一般を成り立たせる大前提が**質量保存則**（質量不滅則、物質不滅則）なのである。

エネルギー概念と物質概念が未分化、未成熟であった十七、八世紀の錬金術・フロジストン説の時代には電気、磁気、光、熱などはいわゆる「不可量流体」(imponderable fluid) という仮想「物質」としてとり扱われていた。フロジストンももちろんその一種である。そして多くの人はフロジストンの「質量」についてはかなり自由に考えていた。フロジストン説による立論が重量の点で困難に陥ると、「つじつま合わせ」のために負の質量のフロジストンまで想定されるようになった。金属の灰化（酸化）による増量を説明する例など（II編・2章参照）がそれである。

しかし卓抜な理論家で同時にすぐれた実験家であったラヴォアジエは早くから質量保存則を化学変化研究のさいの大前提としていた。有名なペリカンの実験（II編・3章参照）においても暗黙のうちにこの法則が容認されていた。受動的な容認どころか、無数の実験を処理しながら彼の内部に自然に、抵抗なく、大自然の「反映」として写った原理だったのであろう。

この法則を『化学原論』では化学の「公理」として確立したのである。彼はマイナスの質量をも

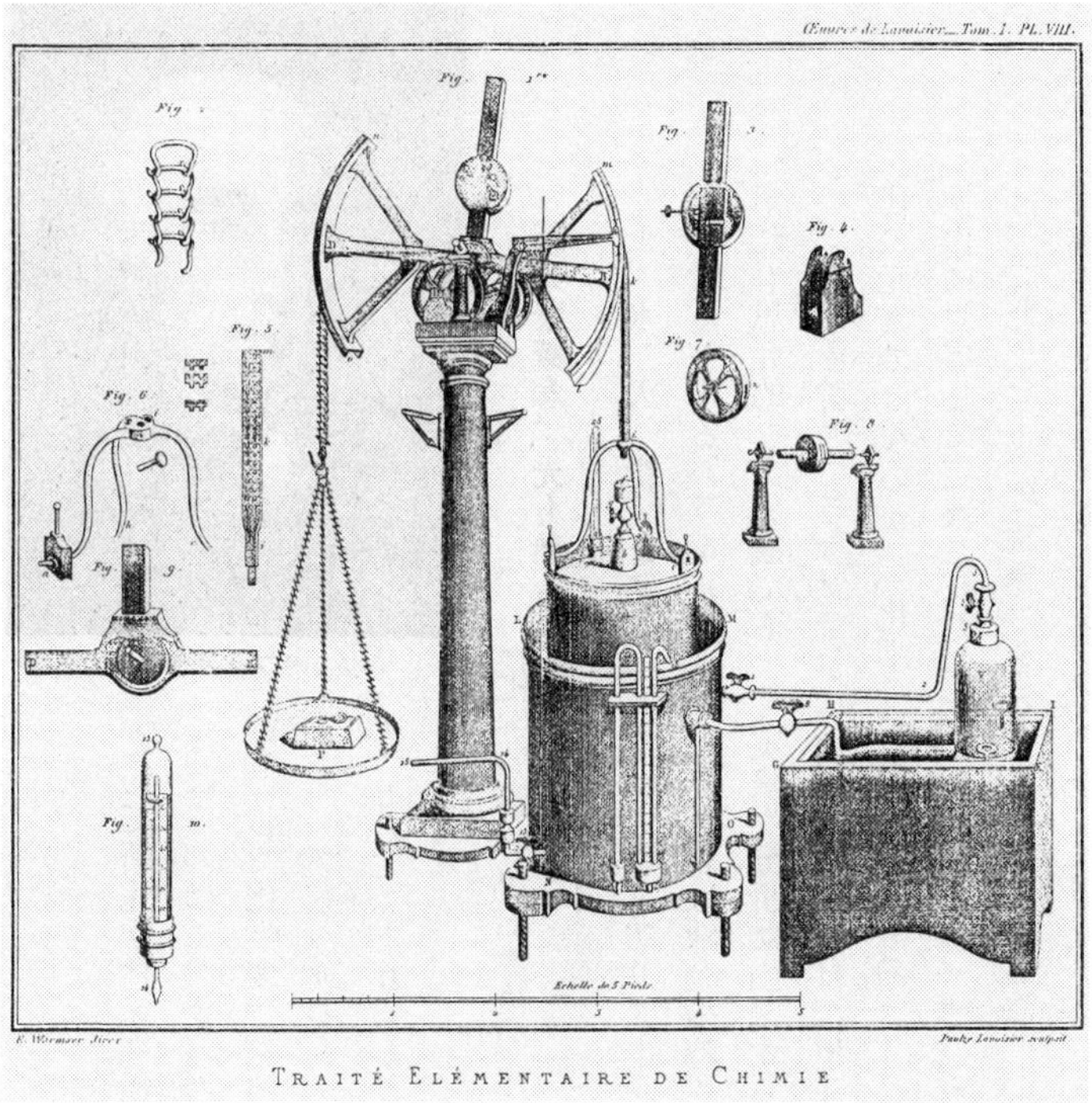

『化学原論』の挿図（ラヴォアジエ夫人作）

つフロジストンで「つじつま合わせ」をするかわりに、質量保存則と酸素概念でフロジストン説を追放した。質量保存則はラヴォアジエ化学が拠って立つ基盤であった。

すべての化学変化、化学操作の前後において質量は変らない。元素の質と量は変らず、変化と変態が起こるだけである。被験物質の諸元素と、分析で知られる諸元素とは正確に等しい。これが彼の確立した質量不変の法則である。アインシュタインの相対論に由来する「エネルギー⟷質量」変換の起こる核反応を別とすれば、通常の化学反応においてはこの法則は厳密に成立する。

天秤を駆使し、質量保存則を「公理」

ジョゼフ＝ブラック

として新化学体系を樹立したラヴォアジエが「定量化学の祖」と呼ばれるのはこのような事情からである。ただし重量測定を重要な指標として化学変化を追跡する方法を創始したのは一七五四年のジョゼフ＝ブラックであるという[13]。ラヴォアジエのペリカンの実験（一七六九）よりもかなり前である。

新元素概念、光も熱も

『化学原論』がその後の化学界に与えたインパクトのなかで特筆大書すべきものは三十余種の「元素」の提示である。

土、水、火、空気を基本「元素」とするアリストテレスの四元素説や、塩、硫黄、水銀から万物が生じるとするパラケルススの三原質説は錬金術時代を通じて普及していた物質観であったが、いずれも思弁的な元素観であって実験や分析に由来するものではない。

『化学原論』でラヴォアジエが示した元素は、原子核と核外電子によって実体的に規定される現代の元素ではないが、「化学分析の究極のもの、これ以上分解できないもの」として、つまり化学操作に対応して定義された「化学元素」であって、形而上学的な元素ではない。このような元素観は、「最初の化学理論家」シュタールや『命名法』の同僚ギトン＝ド＝モルヴォーらのうちで徐々に醸成されていたものであるが、「これ以上分解できないもの」が何か、を言い切ることは意外に

TABLEAU DES SUBSTANCES SIMPLES.

	NOMS NOUVEAUX.	NOMS ANCIENS CORRESPONDANTS.
Substances simples qui appartiennent aux trois règnes, et qu'on peut regarder comme les éléments des corps.	Lumière	Lumière.
	Calorique	Chaleur. Principe de la chaleur. Fluide igné. Feu. Matière du feu et de la chaleur.
	Oxygène	Air déphlogistiqué. Air empiréal. Air vital. Base de l'air vital.
	Azote	Gaz phlogistiqué. Mofette. Base de la mofette.
	Hydrogène	Gaz inflammable. Base du gaz inflammable.
Substances simples, non métalliques, oxydables et acidifiables.	Soufre	Soufre.
	Phosphore	Phosphore.
	Carbone	Charbon pur.
	Radical muriatique	Inconnu.
	Radical fluorique	Inconnu.
	Radical boracique	Inconnu.
Substances simples, métalliques, oxydables et acidifiables.	Antimoine	Antimoine.
	Argent	Argent.
	Arsenic	Arsenic.
	Bismuth	Bismuth.
	Cobalt	Cobalt.
	Cuivre	Cuivre.
	Étain	Étain.
	Fer	Fer.
	Manganèse	Manganèse.
	Mercure	Mercure.
	Molybdène	Molybdène.
	Nickel	Nickel.
	Or	Or.
	Platine	Platine.
	Plomb	Plomb.
	Tungstène	Tungstène.
	Zinc	Zinc.
Substances simples, salifiables, terreuses.	Chaux	Terre calcaire, chaux.
	Magnésie	Magnésie, base de sel d'Epsom.
	Baryte	Barote, terre pesante.
	Alumine	Argile, terre de l'alun, base de l'alun.
	Silice	Terre siliceuse, terre vitrifiable.

ラヴォアジエの単体（元素）表

困難である。ラヴォアジエは、三十幾種の元素の具体名をならべてそれを言い切ったのである。シュタールとラヴォアジエの間には「連続」がありつつ、このような「断絶」があった。「革命」には連続の面と断絶の面が共存する。ラヴォアジエの元素表提示はやはり革命的であった。

『化学原論』の本論は三部より成る。長文の序文に続く第一部は気体化学その他、第二部は諸塩類の化学、第三部は諸実験装置の記述である。第二部冒頭に有名な単体表（元素表）がある。次表にそれを抄出しよう。

ラヴォアジエ自身はこの表を「単体表」（Tableau des substances simples）と呼んで、元素表とはいっていない。「それ以上分解できない」という「操作主義的」な定義であるから、ある物質を元素（élément）、すなわち物の究極の構成要素（les éléments des corps）と断定することには彼は非常に慎重であった。結果として彼が「元素」と断定したのは表の冒頭の五単体、すなわち光、熱、酸素、窒素、水素である。

ところで光と熱が「元素」とは！現代からみれば不可解なことであるが、これを前近代的と単純に非難するにはあたらない。フロジストンを追放して酸

ラヴォアジエの単体（元素）表（抄訳）

	新　名	旧　名
元素とみなしてよい単体	光	光
元素とみなしてよい単体	カロリック（熱　素）	熱、火の流体、火、火物質、熱物質、熱原質
元素とみなしてよい単体	酸　素	脱フロジストン空気、活性空気、活性空気の素
元素とみなしてよい単体	窒素	フロジストン化空気、毒性空気、毒気の素
元素とみなしてよい単体	水　素	可燃性空気、可燃空気の素
非金属単体	硫　黄	硫　黄
非金属単体	燐	燐
非金属単体	炭　素	純粋の炭
非金属単体	塩酸ラジカル	未　知
非金属単体	弗酸ラジカル	未　知
非金属単体	硼酸ラジカル	未　知
金属単体	アンチモン	アンチモン
金属単体	銀	銀
金属単体	砒　素	砒　素
金属単体	蒼　鉛	蒼　鉛
金属単体	コバルト	コバルト
金属単体	銅	銅
金属単体	錫	錫
金属単体	鉄	鉄
金属単体	マンガン	マンガン
金属単体	水　銀	水　銀
金属単体	モリブデン	モリブデン
金属単体	ニッケル	ニッケル
金属単体	金	金
金属単体	白　金	白　金
金属単体	鉛	鉛
金属単体	タングステン	タングステン
金属単体	亜　鉛	亜　鉛
土類単体	石　灰	石灰土、石灰
土類単体	マグネシア	マグネシア、エプソム塩の基
土類単体	バライタ	バライタ、重土
土類単体	アルミナ	粘土、礬土、礬土の基
土類単体	シリカ	珪土、ガラス化土質

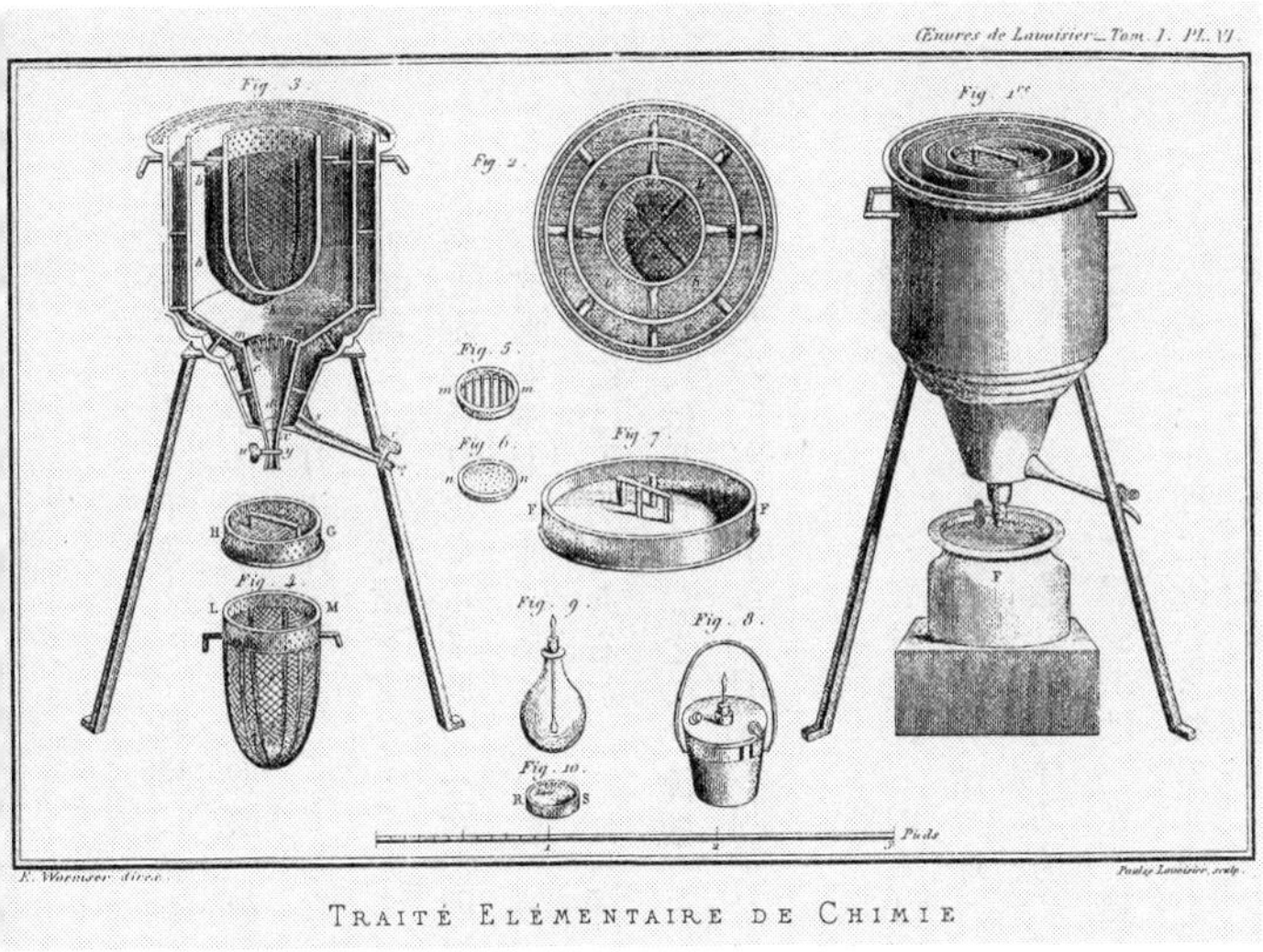

『化学原論』の挿図（ラヴォアジエ夫人作）

素を導入したラヴォアジエは、おなじ「不可量流体」である光と熱は基本元素として温存した。彼によれば、たとえば酸素ガスは酸素原質と熱素（熱流体、カロリック）が結合した「弾性流体」である。気体のあの「弾性」（圧縮性）はカロリックによる気体原質の膨張《ぼうちょう》の結果なのである。彼は光と熱を「元素」すなわち「もの」とみなすことによって、光と熱から錬金術以来の神秘主義的、魔術的要素をはぎとったと考えてよかろう。十九世紀のエネルギー概念成熟に至る過渡期の状況である。必ずしも反動的とはいえない。ただしラヴォアジエの友人で物理学者のラプラスは熱の流体説をとらず、熱の運動説の立場にあったという。運動説は、熱は物質（分子）の運動であるとする近代の学説で、十九世紀中期に確立される。

酸と金属灰の主成分である酸素、地上の最重要物質である水素、そして硝酸その他の主成分である窒素、この三者は元素であるとして特別に扱われている。

非金属単体のうち塩酸、弗酸、硼酸ラジカルは当時いまだ分解されていなかった。したがって彼の定義により単体（「元素」）としたのである。ただし塩酸も弗酸も「酸」であるからには、彼の酸の理論により、酸素を含むと考えていたようである。彼の生前に塩酸の組成が彼自身により塩化水素と確認されたならば彼の「酸の理論」はどうなったであろうか。興味のあるところである。

金属単体十七種は完全である。彼がこれらの金属について、どの程度の純品をとり扱っていたかは筆者には不明であるが、これだけの多種類の金属を単体（元素）として一挙に提示したことは当時としては恐らくひとつの偉観であったろう。「これ以上分解できない」金属元素を十七種並べてみせたのであるから、旧来の四元素説、三原質説とのコントラストはまさに目を見張らせるものがあったろう。

最後のグループにまとめられた土類単体もまた当時の化学操作では「それ以上分解できない」ので、そのまま単体として分類された。元素としては今日のカルシウム、マグネシウム、バリウム、アルミニウム、珪素に対応するものである。

こうしてラヴォアジエは、光と熱を「元素」としつつ、そして塩酸やアルミナを「単体」としながらも、三十種に近い多数の元素を提示することによって、今日の化学につながる近代的、科学的な新しい元素観の基礎を確立したのである。物理学の領域でニュートンがやったことを、化学の領域でラヴォアジエがやった、といわれるのはこの意味においてである。ニュートンは『プリンキピア』(Principia, 1687) を書き、ラヴォアジエは『化学原論』(Traité de chimie, 1789) を残した。十七世紀のニュートンには神があったが、十八世紀のラヴォアジエにはコンディヤックがあった。

なお『原論』に具体化されたラヴォアジエの化学体系と化学命名法との関連について一言しておこう。化合物の組成の探究は必然にその構成単位(元素)の解明へ向う。そして組成の解明がなされて始めて「名が体をあらわす」正しい命名がなされる。彼が前記単体表で「石灰」と呼んだものも、もしも組成の解明がなされたならば「酸化カルシウム」となったであろう。彼の新化学体系と新命名法とは密接に関連するのである。彼が『原論』の序文で「実は命名法を書きたかった」と言ったのはその意味であろう。ギトン=ド=モルヴォーらとの共著『化学命名法』(一七八七)では彼の出番はそれほど多くはなかった。

「ラヴォアジエ化学」は、なお残るフロジストン派の抵抗にあいつつ、次第に全ヨーロッパに普及していった。イギリスの学者たちも「投降」し始めた。「シュタール化学」の牙城ドイツでも『化学原論』がドイツ語に訳された。ここでは我が国への「伝来」について一言しておこう。

一八三〇~四〇年代に宇田川榕菴は苦心の訳述を続けて『舎密《セーミ》開宗《かいそう》』(舎密《セーミ》は化学の意)を刊行したが、これは西洋近代化学の我が国への最初の移植で、幕末から明治初年まで化学書の標準となった。内容はラヴォアジエの化学体系を主とするあるイギリス化学書の紹介であるが、ドイツ語訳──→オランダ語訳を経由したものであるという。彼は本書のなかで「舎密《セーミ》原本」と称してラヴォアジエの『化学原論』をさかんに引用しつつ、かたわら「舎密原本」そのものの翻訳、紹介を計画していたようである。本章冒頭に記したように、宇田川はラヴォアジエの「哲学」を我が国へ紹介していないが、他方において今日もちいられている多数の日本語化学用語を創案した功績はきわめて大である。

V

大革命、そして断頭台へ

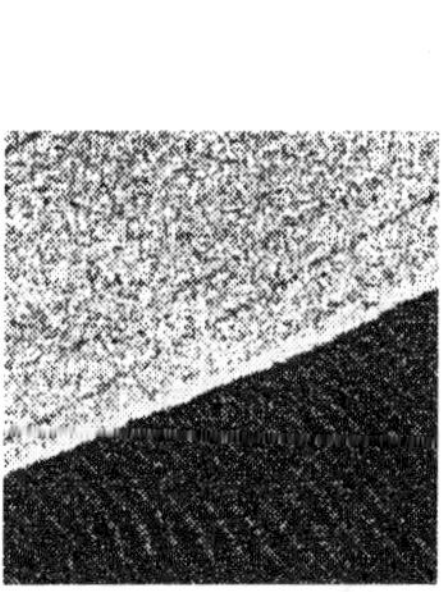

1　フランス革命の渦中で

一七八九年のバスチーユ襲撃から一七九九年のナポレオンのクーデタ（皇帝即位は一八〇四年）までの約十年間を通常フランス革命期とする。したがってラヴォアジエのライフワーク『化学命名法』（一七八七）と『化学原論』（一七八九）が出たのは革命の「前夜」であり、革命の「当日」であった。フランスと世界は化学の革命と政治の革命を同年に経験したのである。そして彼は大革命の前半期を生きただけで一七九四年に刑死した。

本書の目的はフランス革命史を語ることではないが、ラヴォアジエをとり巻いた状況を知るために、革命の前夜から革命の前半期に至る経過を概観しよう。

これから見るように、ラヴォアジエは王政時代と同じように熱心に勤勉にフランスのために、そして革命政府のために働いた。

旧制度と啓蒙家たち

フランス革命から二百年たった今日でもまだフランスは（世界は）フランス革命完成のためにフランス革命を続けている、という人が多い。それほどに旧体制の根は深く、現代世界にまで尾を引いているということであろう。そして旧制度をくつがえしたフランス十八世紀の啓蒙思想は今日も意義を失っていないということであろう。

ところで旧体制すなわちアンシアン・レジームについてはII編・1章その他でくりかえし記したし、啓蒙主義についてもII編・1章、IV編・2章などで語ってきたからもはや多言を要しないであろう。

当時「第一身分」（聖職者）と「第二身分」（貴族）は税金を免除され、「第三身分」とよばれた一般市民だけが納税の義務を負っていた。そして権利は何ひとつなかった。「第三身分とは何か。それはゼロである」という言葉があったという。政治的にはリベラルであったラヴォアジエは改革派の重農主義者（IV編・1章参照）として革命前のフランス官界でかなり重要な役割を果した。同志は親しいデュポン＝ド＝ヌムールら重農派である。

社会が不平等な身分制の下にあっただけでなく、国家制度そのものが不公平であった。地方により、都市により度量衡が違い、商品の流通の大きな妨げとなっていた。やがて革命政府が度量衡の統一を提案するやラヴォアジエはこれにたいし重要な寄与をするのである（次章参照）。

商品経済が進展するにつれ、第三身分であるブルジョワは次第に力をつけ、やがて社会体制を「第三身分向け」に変革しようとする。ラヴォアジエも『命名法』を出した一七八七年にオルレアン地区地方議会の第三身分の一代表となっている。

一方、海の向うのイギリスではすでに十七世紀に市民革命（イギリス革命、名誉革命）が成功して貴族は後退し、市民の自由は前進していた。あわせて経済の革命である産業革命もスタートしていた。ここでイギリスとフランスの変革の違いについて一言しよう。イギリスの革命がきわめて現実的、伝統温存的、慣習法的であったのに対し、やがて百年遅れて起こるフランス革命は『自由、平等、博愛』、そして『人権宣言』といった全世界に通用する普遍的、抽象的、観念的な理念を振りかざしていた。今もイギリス人はフランス革命を必ずしも歓迎しないという。無血の名誉革命と「流血」のフランス革命への好悪の感情であろうか。

それはともかくとして、アンシアン・レジーム下のフランスの知識人にとってイギリスの先進性はまことに羨ましいものであった。経済の自由を求めていたフランスのブルジョワ階級もまたイギリス的自由を歓迎していた。「イギリスに学べ」がフランス十八世紀啓蒙主義者の一部のスローガンとなった。イギリスには啓蒙主義の大先輩フランシス＝ベーコン、ジョン＝ロック、ヒュームらの名前がある。

フランス啓蒙主義の大先輩はモンテスキュー、ヴォルテールらである。『法の精神』を書いたモンテスキューはいわゆる「三権分立主義」を確立し、立法権、行政権、司法権はたがいに独立であるべきことを説いた。現在ほぼすべての文明国で採用されている制度である。

ヴォルテールは「アンシアン・レジームに始めて爆弾を投げつけた人物」と呼ばれる。追放に近い立場でイギリスに在った期間にジョン＝ロックやニュートンから強い影響を受けた。イギリスの政治、社会、思想に感銘を受けて帰国し、自国の専制政治と教会に対する鋭い批判を展開した。

やがて後継者たちがあらわれる。フランス革命を指導する理念を生みだす人々である。

フランソワ＝ケネー、デュポン＝ド＝ヌムールら重農主義者についてはすでにⅣ編・1章で記した。彼らは政治的には温和であったが、主張する経済自由主義は封建的な特権を排除して革命を招きよせる役割を果した。

そして、ディドロが編集し、ダランベール、モンテスキュー、ヴォルテール、テュルゴー、コンディヤックら当時の啓蒙派を総動員して作られた『百科全書』(『アンシクロペディ』、Encyclopédie)はまさに「啓蒙思想のピラミッド」とよばれるものであった。一七五一年から二十一年間にわたり刊行された全二十八巻、六万項目にわたる大事典であった。『百科全書』が指向した反専制的、ブルジョワ的自由主義は革命派の強力な武器となった。

ジャン＝ジャック＝ルソーはやや孤立しているが、『人間不平等起源論』により、本来自由で平等な人間を不幸にする社会悪、政治悪をえぐりだし、『社会契約論』により民主主義の巨大な礎石を置いた。それぞれ一七五四、一七六二年刊、革命に先だつこと約三十年である。「自然に帰れ」と主張する教育論『エミール』の燃える

ヴォルテール

ような ヒューマニズムに感動した読者も多かろう。

啓蒙思想家はすべて専制や権威をしりぞけ、人間的な自由な批判を普及させた。しかし重農派、百科全書派、そしてルソーらがみな同じ具体的コースを指示したわけではない。時にはたがいに対立しつつ、それぞれ異なった役割を演じつつ、結果としてフランス革命という巨大な焦点に集まったのである。大量の『百科全書』が発行され、啓蒙思想は「空気伝染」のようにパリと全フランスにひろがった。

改革から革命へ

アンシアン・レジームはすでにルイ十六世即位のころ（一七七四）から崩壊に近づいていた。しかし王宮の政治家たちが全く無為無策であったわけではない。ルイ王即位の年に財政総監となったテュルゴーは抜本的改革に手をつけた。フランソワ＝ケネーと親しい重農派のテュルゴーは次々と進歩的な政策を打ちだしたが、貴族、特権商人だけでなく、凶作に悩む農民の支持もえられず、結局二年後に国王に解任され、政治勢力としての重農派は退くほかなかった。テュルゴーの要請でラヴォアジエが火薬監督官に就任（一七七五）、翌年巨大な実験室を新設したことはすでに記した。一七七五年にはプリーストリが酸素を発見したことも前に記した。

王と旧体制はみずから墓穴を掘りながら、やがて十数年が過ぎた。そして一七八八年春がくると各地に食糧暴動が起こり、夏が近づくとパリ、ディジョン、トゥールーズなどで政治暴動が起こり始めた。革命の前年である。八月になると国王は翌一七八九年五月に三部会を召集すると布告した。

三部会というのは一種の身分制議会で、第一身分、第二身分、第三身分、すなわち僧侶、貴族、平民の代表で構成され、国王権力をチェックすると同時に税金の負担を協議する機関でもある。三部会は元来十四世紀初頭に成立したが、絶対王権の強化のなかで有名無実の存在となり、ルイ十三世治下の一六一四年以後、ルイ十四世、十五世の時代を経て、ルイ十六世にいたるまで、なんと二百年近い間開催されることなく「開店休業」の状態にあったのである。

さてこの三部会が「久しぶりに」召集されることになったが、今や第三身分は格段に力をつけていた。そして国王は第三身分議員数の倍加を承認せざるをえなかった。

そして「運命の年」、一七八九年がきた。ラヴォアジエはこの時は貴族議員に選ばれ、リベラル派として活動したという。

五月、ヴェルサイユで三部会が開かれたが、紛糾に紛糾が続き、六月にはついに三部会のなかから第三身分主導の「国民議会」が誕生、多くの聖職者、貴族が第三身分に合流、やがて国王も第一、第二身分議員にたいし国民議会への合流を勧告する。七月九日、国民議会は憲法制定議会を宣言。

そして「運命の日」、七月十四日がきた。朝、パリの民衆が廃兵院を襲撃して武器、弾薬を奪い、午後、バスチーユの要塞兼監獄を攻撃、夕刻、要塞陥落、専制政治の批判者たちを苦しめた絶対王権の象徴は消滅した。フランス革命の発端である。我が国で「パリー祭」とよばれる『七月十四日』(le quatorze Juillet) はフランスの革命記念日、国祭日である。二百年後の今日も、熱心な王制支持者（王党派）は三色旗をかかげないし、この日を祝おうとしない。

八月四日、立憲議会は封建制廃止を決議し、八月二十六日には「人間と市民の権利宣言」、いわゆる『人権宣言』が採択され、世界の人権運動、自由民権運動の聖典となる。宣言第一条では人間の自由と平等がうたわれ、第二条では所有権、安全権、抵抗権が保障され、続く諸条で国民主権、思想・信条の自由、言論・出版の自由、法の前の平等、財産の不可侵などが規定される。アメリカ独立宣言（一七七六）とならんでまさに専制政治への死刑宣告となった。

一七九〇、九一年と革命は怒涛のように進む。九一年六月、国王一家が国外逃亡をはかり、ヴァレンヌで逮捕。この一件で国王にたいする国民の不評は一気に高まり、やがて九二年八月、国王の権利停止、続く九月には王権の廃止が決議される。十二月、国王の裁判開始、翌一七九三年一月、国王有罪判決、一月二十一日、ルイ十六世はギロチンで処刑され、ブルボン王朝は名実ともに消滅した。

温健な改革派のラヴォアジエは、化学者として『化学原論』（一七八九）を完成しつつ、官僚として革命政府に協力した。革命初期には多くの政治団体が出現したが、彼も「一七八九年協会」という政治クラブに所属し、イギリス風の立憲君主制を指向していたようである。一七九〇年には度量衡委員に任命されてメートル法制定に尽力する（次章参照）。一七九一年には大蔵省の高官となって徴税制度にかんする論文『フランス王国の土地の富について』を書いて方策を提案した。恐らくは「重農派」ラヴォアジエの施策であったろう。

ところで、現実的、経験主義的といわれるイギリス革命、名誉革命とちがって、フランス革命の理念とヴィジョンは――その実態はともかくとして――徹底してデカルト的、理性主義的、合理主義的であった。その一例をスローガン――「空間の合理化」(Rationalisation de l'espace) にみる。革命家たちは「宇宙空間までも……」と考えていたかもしれない。フランス革命の基本的性格はブルジョワ革命であった。ブルジョワが時代の生産力の担い手であり、生産力は重農主義者でも、ルソー主義者でもなく、百科全書派に代表される。「空間の合理化」も百科全書派の精神のあらわれであろう。

「空間の合理化」実現の二つの例を見よう。第一は国土の分県化である。今日も残る情趣豊かな「州」(province) の名、すなわちノルマンディー、ブルターニュ、アルザス、プロヴァンスなどをアンシアン・レジームの旧式な行政区分としてしりぞけ、新しく多数の「県」(département) に分ける。そして各県内の人民は、おおむね徒歩一日の旅で県庁所在地へ到着して請願、詮議、あるいは抗議することができる。なんと「合理的」なことよ。「空間の合理化」運動の第二は度量衡の改革、すなわち合理的な度量衡制度、度量衡単位の設定である。こうして革命政府は今日全世界に普及しつつあるメートル法を生みだした（次章）。

恐怖政治の時代がきた

一七九三年一月のルイ十六世処刑のあと、革命はますます尖鋭の度を加える。そしてラヴォアジエは依然温健な学者・官僚として国家に忠誠であった。一七九一年以来彼は科学アカデミーの財務長官として活動、やがてそれが廃止される（一七九三）まで努力を続ける。同時に度量衡委員としてその財務を担当しつつ、キログラム制定のための測定に献身する。しかし革命の進展は「旧体制派」に属するラヴォアジエを平和な状況には置かなかった。なかでも激しい批判を彼に加えたのは急進的なジャーナリスト、ジャン＝ポール＝マラーであった。そしてやがてラヴォアジエの運命を決めることになる人物、ロベスピエールが次第に頭角をあらわし始める。革命の劇的な急進化を指導したこの人物と、それをめぐる状況を一瞥しておこう。

革命勃発の年一七八九年の暮、ラヴォアジエもその計画に参加したといわれるアシニャ債券とよばれる一種の紙幣が発行されたが、この紙幣の価値はその後下落を続け、激しいインフレーションをひきおこした。インフレーションはブルジョワにとっては資本蓄積を容易にする面があるが、物価上昇が民衆の生活をおびやかすことになり、結果として革命の急進化を促進することになる。ルイ十六世処刑、ロベスピエール出現の一七九三年についていえば、一月にはアシニャの価値は名目価格の六割、二月には五割、七月には三割に下落している（翌一七九四年以降物価急上昇とアシニャ急落が続き、結局一七九六年三月、アシニャ廃止）。

さて一七九三年に話題を固定しよう。三月にはフランス革命を圧殺しようとする第一次対仏大同盟が成立、インフレーションなどとならんで革命政府は国の内外に「敵」を控えることとなる。そのなかで多事多難なフランス人民の歴史が続く。

おなじ九三年三月、革命裁判所創設、そして四月には公安委員会（comité de salut public）が創設された。いずれもラヴォアジエら旧体制の要人、いや万人にとって無気味な響きをもつ組織である。そして政界ではブルジョワを代表する穏健な共和派のジロンド派と、労働者を背景とする山岳派（モンタニャール、ジャコバン派）とが革命の主導権をめぐって争っていた。急進的なジャコバン派にはマラー、ダントンなどがいたが、やがてロベスピエールが頭角をあらわす。彼はジャコバン派の集会で人民蜂起を呼びかける。九三年五月である。前月四月にはアメリカのワシントンがフランス革命への中立を宣言している。モンロー主義の「はしり」である。

六月、国民公会を人民軍が包囲、ジロンド派議員三十名を逮捕、ジャコバン派の独裁が始まった（九四年七月のテルミドール反動でロベスピエールが失脚するやジロンド派は復活する）。

一七九三年七月、ラヴォアジエを激しく攻撃したマラー暗殺。同月、ロベスピエールが公安委員会を掌握、恐怖政治への布石となる。九月、ラヴォアジエらの努力の成果、メートル法が発布された。長さの単位メートル、質量の単位キログラムの制定を中心とする度量衡の改革は革命政府の偉大な事業のひとつであったが、同時にこの年は恐怖の日々でもあった。

九三年十月、「革命的な法律を出すだけでは革命は成就しない。政府自体が革命的でなければならない」との考えのもとに「戦時非常措置権限」が公安委員会に委ねられる。リーダーはロベスピエールである。以後、大臣、将軍、軍隊が公安委員会の指令下におかれる。国民公会（議会）という立法機関の一委員会であった公安委員会は、こうして事実上の行政機関として革命政府の中心となり、独裁を遂行する。恐怖政治の体制が完成したのである。そしてそれは実際に機能し始める。

まず十月十六日、ルイ十六世の王妃マリー＝アントワネットが、去る一月に刑死した王のあとを追って、ギロチンで処刑された。おなじ十月には、さきに逮捕されたジロンド派が処刑された。十一月、キリスト教の否定が始まる。一部急進分子の圧力でノートル・ダム大聖堂が接収されて「理性の寺院」に変えられる。そしてここで「理性の祭典」がもよおされた。「神を崇拝することをやめて、理性を崇拝せよ」というのである。さすがにロベスピエールはこのような極端な方針には賛成しなかったという（翌十二月には礼拝の自由が復活し、非キリスト教化運動は下火となる）。

こうして恐怖政治の嵐の吹き荒れるなか、一七九三年は深い秋を迎えていた。ラヴォアジエの周囲にも無気味な風が吹きはじめた。

ただし革命政府にとって、そしてフランスにとって幸いなことに、革命防衛の国民軍は内外の反革命軍にたいし各地で着々と勝利をおさめていた。功労者のなかには若きナポレオンもいた。

2　大革命の所産　メートル法とラヴォアジエ

一七九三年の秋、恐怖政治の激化するなか、ラヴォアジエの身にも危険が迫っていた。すでに一七九一年に国民議会によって廃止されていたとはいえ、悪名高い徴税請負制度は人々の記憶から消えてはいなかった。いうまでもなくラヴォアジエは徴税請負人の職務を文字通り自ら「買って」でた人物である。

一方この年の九月には前記したように、メートル法が発布された。「化学革命」の発端となった『化学原論』がフランス革命の直接の所産とはいい難いが、メートル法は明らかに大革命の所産であった。革命勃発の翌年、国民議会で発議され、革命政府の主導下、フランスの科学者の献身によって完成された大事業である。

そこでしばらくこの問題に集中することにして、メートル法制定の経過をたどろう(19)。

フランス革命とメートル法　啓蒙思想の産物であるフランス革命は、現実には多くの流血事件をひき起こしながらも、その精神において徹底的に合理主義的であった。革命のスローガン

「空間の合理化」の一例として国土の分県化を前に記したが、合理化精神の具体化のもうひとつの計画が度量衡の抜本的改革である。メートル法とよばれる制度の確立である。

ラヴォアジエを中心とするメートル法制定の本題に入る前に、ある人物のエピソードを語っておこう。その人の名はタレーラン、メートル法の恩人、その生みの親であると同時に「怪物」といわれた政治家である。なつかしの名作映画『会議は踊る』(一九三一年作)をみた人は多かろう。あの映画は、ナポレオンをエルバ島に追放したあとのヨーロッパの戦後処理を切りまわしたオーストリアの宰相メッテルニッヒのお話である。つまりウィーン会議(一八一四)の物語である。会議に集まった各国の君主と外交官を連日連夜の大舞踏会に酔わせて、そのあいだに重要議案を決めてしまおうとしているところへ、ナポレオン再起の飛報がきて全ては終わり、……という物語である。この映画の始めのところに、宰相メッテルニッヒが「タレーランの奴《やつ》めが……」といまいましそうにつぶやく場面がある。このシーンは「怪物」タレーランの姿を見事にあらわしている。

タレーランはルイ王朝の宮廷で頭角をあらわし、大革命の前から宮廷内の改革派として活躍、革命の波に乗り移ってからも順調に腕を振るい、その後も破門、亡命を経て、変節者、裏切者と罵《ののし》られながらもテルミドール反動、ナポレオン体制、復古王制、シャルル十世、ルイ＝フィリップらの体制のもとで活動し、変転する激動期を巧みに泳ぎ切って八十余年の一生を無事終えた。

タレーランは「時の権力者が権力の座にある期間だけ忠誠をつくし」、そして常に一貫してフラ

タレーラン

ンスの国益を守り、増進させた「怪物」である。『会議は踊る』のなかで、フランスの利益を守るために手段を選ばぬタレーランの暗躍ぶりをみて、メッテルニッヒがいまいましがったのも無理はない。

さて本題メートル法に入ろう。二百年前には各国とも度量衡の混乱に苦しんでいた。度量衡単位は州により、同じ州のなかでも都市により、そして同じ都市のなかでも職業種により異なっていた。アンシアン・レジームのフランスではそれがとくにひどかった。民衆も役所も、物を売る方も買う方も、税を取る方も払う方も困り果てていた。やがて一七八九年、大革命勃発。そして翌一七九〇年、動乱の最中《さなか》、さっき記したタレーランの出番がくる。

ウィーン会議（一八一四）でルイ十八世の外相として彼が活躍、暗躍したのは六十歳代の老練な外交官としてであるが、メートル法の生みの親としての役割を演じるのは三十代の若き政治家のころである。彼は新生フランスの国民教育についてもひとつの理想をもっていたが、同時に度量衡の混乱についても大いに憂え、一七九〇年五月、制憲国民議会で度量衡の統一を訴える。基本精神は「特定の人物（国王）に属することなく、諸国民が共有しうる天然自然の普遍的なもの」を基準にしよう、というものである。デカルト精神、啓蒙主義を「画にかいた」ようなこの提案はただちに可決され、翌一七九一年、国民議会は科学アカデミーに作業開始を命令する。まさに「革命」的な勢いである。担当するのはラグランジュ、クーロン、ラプラス、コンドルセ、ラヴォアジエら当代一流の科学者である。「役人科学者」ラヴォアジエは事業全体の財務を担当しつつ、質量単位をきめる役割を分担する。

「天然自然に立脚する」度量衡制度の案は結局次のように決まった。㈠　原則として十進法を採用する。ただし時間の単位だけは、長い歴史的経過を尊重して旧来のまま。㈡　時間の単位「秒」は地球公転時間より天文観測によりきめる。㈢　地球円周――正しくは子午線長――の四千万分の一を「メートル」とする。㈣　一デシメートル立方の水の質量をキログラムとする。まさに王に属せず、諸国民が普遍的に共有できる自然単位である。

地球の全周を測るのは事実上不可能であるから、実際には北フランスのダンケルクと、スペインのバルセロナの間の距離を測った。革命の動乱のなか、測量隊の科学者の労苦は非常なものであった。通行禁止、測量妨害、測量器械の破壊などなど。測量隊の使った白布が誤解されたこともあった。白は王家の色なのである。この大事業への協力を求められたアメリカ政府の某高官は「これではフランスとスペインだけが有利になる」(!?)といって協力をことわったという。イギリスも一種の外交辞令を使って協力を辞退したという。「革命」政府への嫌悪？　結局この大事業は英米の非協力のなか、フランス革命政府とフランスの科学者が独力で遂行することとなった（産業革命の先進国イギリスは、やがてメートル法の国際化の段階では重要な寄与をする）。

メートル法制定事業の遂行と成功の条件を後世の人は次のように分析している。第一は巨大な革命のエネルギーと合理主義への情熱、第二は官民の熱望と大きな期待、そして第三に実力充分な科学者集団の存在とかれらの献身的作業があげられる。さらに、その後の諸国へのメートル法の普及の観点からいうならば、フランス外交の欧州大陸諸国にたいする優位を第四にあげることができよう(19)。ごく近い時代までドイツ諸国やロシアの上流階級の日常用語として、また外交用語としてフランス語が使われていたことは周知のとおりである。十七、十八世紀のブルボン王朝の栄光のなごりである。オーストリアのメッテルニッヒが切りまわしたウィーン会議の正式議定書はフランス語で書かれている。そして国際メートル条約の本部は今日もパリにある。

ラヴォアジエとキログラム制定

質量単位「キログラム」をきめる作業の主役は大化学者ラヴォアジエであった。最高級の天秤を駆使して質量保存則を確立し、化学の定量化を成就したラヴォアジエがこの大任を果すことになったのは当然のなりゆきである。「メートル」制定のための測量が野外で数年にわたって続いていたが、天秤操作を中心とするラヴォアジエの作業は彼の実験室でおこなわれた。「一デシメートル立方の水の零度における質量」をきめるのであるが、当時まだ「メートル」は確定されていないので、彼は密度を測定する方法を採用した。体積の知れた物体を水中に沈め、浮力の原理で密度を定める。

ラヴォアジエはかなり仕事を急いだようである。なぜか。いうまでもなくそれは前記したような、ますます急進化しつつある「世の荒波」のことである。世人と革命政府は「前徴税請負人」たちを見のがす姿勢をみせることはなかろう。

重苦しい世情のなか、測定実験は急ピッチで進められ、やがて一七九三年一月には一応の測定を終了した。この月、ルイ十六世処刑。そして四月、公安委員会が発足し、七月にはロベスピエールがこれを牛耳るようになり、恐怖政治の体制が整い始める。

そのような状況のなかで一七九三年九月に暫定メートル法が発布された。このときラヴォアジエはメートル法を指して「人の手になるもので、このように偉大で、このように単純な、そしてこのように一貫しているものはない」といったという。今日になってみるとこの「自画自賛」はほとんど真実に近い。

翌十月、公安委員会が非常権限を握り、同月、マリー＝アントワネット処刑、ジロンド派処刑と続く。ラヴォアジエが測定を急いだ気持がわかるようである。十一月下旬には逮捕の手が彼の身にも及ぶのである。しかし科学とフランスと革命政府に充分貢献した彼は、死に至る運命が彼を待ちうけているとは考えなかったようである。あとで記すように、彼は獄中で「いずれ薬剤師で生計を立てよう」と語ったという。

ラヴォアジエにかかわってメートル法を語る部分は以上のとおりであるが、ラヴォアジエの自画自賛が単なる自画自賛に終らなかったことを記すのも無駄ではなかろう。メートル法は今や地球を覆いつつある。その経過を略記しよう。

メートル法の成立、普及、国際化

一七九三年のメートル法公布の二年後、九五年に暫定メートル原器（真鍮製）が作られたが、やがて一七九九年、すなわちバスチーユ攻撃から十年後、タレーランの提案から九年後に白金製のメートル尺とキログラム分銅が完成した。革命の動乱のなかでこの大事業は止むことなく続けられていたのである。メートル法誕生の歴史はフランス革命と共にあった。

やがて十九世紀に入り、一八二〇年ごろからこの制度の「国際化」が始まった。産業革命を始めた各国がこの「単純で一貫した」度量衡体系を評価し始めたのである。国の工業化にとって計量システムの合理化は最大のテーマなのである。

一八七五年、フランスは国際メートル条約を提唱した。こうしてフランスの計量法は世界の計量法となった。このときドイツは即時加盟した。普仏戦争（一八七一）の勝者が敗者フランスの制度を率先採用したことを「美談」という必要はない。軍国主義プロイセン・ドイツにとってメートル法は産業革命の最良の道具なのである。日本も早くも明治十八（一八八五）年加盟、明治二十四年採用。明治十年代〜三十年代の日本の産業革命と考えあわせて興味深い。

国際条約提案の前から原器製作の研究をしていたパリの国際度量衡局は、一八七五年には最良の材料である白金―イリジウム合金を創出、これによるメートル原器、キログラム原器を製作して加盟各国に配布した。我が国の所有する原器メートル尺とキログラム分銅は在つくば、通商産業省工業技術院計量研究所に保管されている。

メートル法からSIへ

一九六〇年以降、メートル法はさらに発展してSI（Système International, 国際単位系）と呼ばれる大きな体系になっている。これは長さと質量だけでなく、各種の関連単位をメートル法で統一したものである。SIはフランス語である。世界はメートル法の先駆者であるこの国に敬意と愛情をこめてこの言葉を採用したのであろうか。

SIへの移行にさいし、基本単位の定義が変更になった。すなわち㈠長さはある光の波長で定義する。したがって原器は不要となった。㈡時間は原子時計で定める（一九六七年以降）。したがって地球公転時間を天文観測で定める必要がなくなった。㈢キログラムのみ原器で定める。「普遍的に存在する天然自然の尺度を……」という革命政府の方針は一歩進んだわけである。

一九八三年十月の国際会議で㈠長さを光の波長できめるかわりに「ある時間内に光が進む距離」で定義することにした。㈡ただしキログラムのみは依然として原器による。こうして現在メートル尺原器は「不要」となっている。

メートル法を採用している国のすべての計測器はこうして究極的にはパリ郊外セーヴルにある国

際度量衡局の国際原器に結びついている。したがってこの原器がたとえば爆撃などで破壊されることがあれば一大事である。事実第二次大戦中、原器はパリから別の地方に疎開されたとのことである。

ところで「長さは光の進む距離で」などとなった以上は、従来の原器はすべて「博物館行き」となるのであろうか。そうではない。いまのべたように、キログラム原器だけは特別である。まだ適当な「普遍的天然物」がみつからないのである。水は一見普遍的な天然自然の物質にみえるが、こまかくいうと、同位元素組成がまちまちで、地上の水は、ひとつとして全く同じではないのである。結局いまのところラヴォアジエの後継者たちが作製した白金-イリジウム合金製キログラム分銅を守っていくしかないのである。

「地球を覆い始めた」メートル法-SIにとってひとつの重要な問題がある。無数の計量機器の目盛が正しく基本単位、あるいは原器につながっていなければならない、という問題である。あらゆる計器にその保障がなければいけない。なぜか。いま宇宙ロケットやスペース・シャトルのような巨大な装置を考えてみよう。その製作には恐らく無数の計測器が使われるであろう。ここでたとえば寸法を測る機器の目盛が、長さの基本単位に合っていなかったとすれば、そのことが大事故を結果する可能性がある。つまり一台の宇宙ロケットの無数の部品を製作するときに使われる無数の計測器は、すべて原器（基本単位）に合っていなければならない。すなわちどんな計器も、「いもづる」式にさかのぼって原器まで到達できなければならない。これをトレーサビリティ（traceability）という。トレース（追跡）可能性という意味である。

ここで実例として家庭用の体温計の示す温度がどのように基本単位までさかのぼってトレースできるかをみよう。私共が日常使う体温計は都道府県の度量衡検定機関にある標準温度計によってすべて検定されている。検定の証印のついていないものは販売できない。そしてその標準温度計は通産省工業技術院計量研究所（計量研、旧度量衡検定所）の標準温度計につながり、それはさらに計量研内の装置による「標準温度」につながっている。これは氷点（正しくは水の三重点）、金の融点などで、計量研内で実現、維持されている。その標準温度を検定するのは、おなじく計量研内の気体温度計であり、気体温度計の目盛を保障するのは理論物理学でいう熱力学的絶対温度日盛である。こうして我が国のすべての家庭で使われる体温計の示度はすべて基本温度までさかのぼり、トレースできるのである。

産業が巨大化、精密化するにつれてトレーサビリティの確保は官、民にとってますます重要な方策となっている。「地球を覆う」あらゆる計器が基本単位へ向けてトレーサブル（トレース可能）でなければならないのである。

3　疾走する革命――逮捕、そして破局へ

V編・1章で記したように、革命は次第に尖鋭化し、急進的となっていく。ブルボン王朝の高級官僚として、革新派ながら「おだやかな改革」を期待しつつラヴォアジエは、キログラム制定（メートル法）や政策立案などを通じて革命政府に協力していたが、民衆の憎悪のまとであった徴税請負人の前歴は隠すべくもなかった。

高揚した民衆にとって「悪い税金取り」の悪さを理解することは、フロジストン説追放の偉業を評価することよりも、遙かに容易であったろう。

ここで彼への憎悪を緩和する道は、彼が民衆に向って「革命への熱狂」を表明することであろうが、革命政府に忠誠でありながらクールな彼はそのような熱狂を示すことはなかった。こうして彼は「熱狂した革命」のなかで孤立し、次第に破局へと進んでいった。

非難と攻撃のなかで

ラヴォアジエが財務担当者として、そしてキログラム制定の実験担当者として、メートル法制定の大事業に専念していた一七九一～一七九二年代へ

かけ、そして彼が「手塩《てしお》にかけた」暫定メートル法が発布された一七九三年へかけて、革命政権は急進化し、彼と彼の階層への非難、攻撃は次第にあからさまとなっていった。

化学の領域での偉業にもかかわらず、そしてメートル法制定をはじめとするフランスと革命政府にたいする大きな貢献にもかかわらず、彼は次第に世論の批判にさらされるようになる。

国王の重臣、王立アカデミーの幹部、そして国王の徴税官であるラヴォアジエにとくに激しい攻撃を加えた人物のひとりは、ダントンやロベスピエールの同志としてジャコバン左派のモンタニャール派を指導していたジャン＝ポール＝マラー（Jean-Paul Marat）である。マラーは医学を修めたが、科学にも興味をもち、物理学の実験をおこなった。しかし、その光学や電気学の研究は学界に認められず、深い挫折《ざせつ》感を味わったといわれる。このことがパリの学界や科学アカデミーにたいする激しい反感の背景にあるのかもしれない。革命前は某貴族の軍医をしていたが、一七八九年、革命勃発とともに、以前からの革命家としての素質が開花した。彼は新聞『人民の友』（L'Ami du peuple）を発行して専制政治を激しく攻撃した。さらに、革命がブルジョワによる穏健な改革に移行することを強くいましめ、急進的な社会主義政権を樹立せよと説いた。革命が過激化した一七九二、九三年にはモンタニャール派（ジャコバン党）の指導者としてジロンド派と激しく闘争し、ついにジロンド派逮捕にいたり、ジャコバン派の独裁体制がととのった（一七九三、六月）。しかし彼自身は、その一か月後、一七九三年七月十三日、ジロンド派の若い女性シャルロット＝コルデーにより、皮膚病治療中の浴槽で刺されて死んだ。

さて、『人民の友』などの紙面によるマラーのアカデミー攻撃、科学者攻撃、そしてラヴォアジエ攻撃は激しかった(10)。アカデミーがいかにくだらない会合をくりかえし、いかにくだらない発明に特許を与えているかを具体的に示し、アカデミー会員たちがいかにくだらない日常生活を送っているか、観劇と無駄話にいかに貴重な時間を浪費しているかを大衆に知らせる。モンジュやラプラスなど今日も高名なアカデミー会員たちがそれぞれ「名ざし」でとりあげられて皮肉を浴びせられる。そして科学アカデミー議長のラヴォアジエにたいしてはさらに徹底した悪罵が投げられる。いわく「いかさま師、駆けだしの化学者。パリを牢獄にした男。そして悪税の手先。」などなど。今も昔もマスコミの力は巨大で、「筆誅《ひっちゅう》」を加えられた方は不利である。

このような状況のなかで、ラヴォアジエが関係した諸官庁は次第に改組、あるいは廃止され始めた。一七九一年には火薬監督官の役を解任された。同年悪名高かった徴税請負人事務所が廃止され、この役所の財務にかんする清算委員会が発足した。ラヴォアジエはそれに関係していなかったが、やがて後に清算事務遅滞を理由に告発されることになり、結局徴税請負人全員が有罪となるのである。

そんな険悪な状勢のなか、一七九二年にラヴォアジエが書いたとされる論説が残っている。『空気中で加熱した金属の重量増加の原因にかんする歴史的詳報』と題するもので、彼の酸素説のスタートとなった例の「封印論文」(一七七二) 成立の経緯とその前後の化学の歴史を語っている。金属灰化による重量増加を「空気」(酸素) との結合に帰する先駆者的な論説がすでにジャン＝レイ (一六三〇) により発表されていることを紹介しつつ、シュタール学派のフロジストン説を経て、結局自らの酸素説に到達したことを説くのであるが、その末尾で次のような意味のことを「名ざし」で語っている。

「私は封印論文を書いた一七七二年以来、フロジストン理論を克服しているのに、フールクロワが酸素説を教え始めたのは、それから十年以上もたってからである。ギトン＝セルヴォー (革命後はギトン＝ド＝モルヴォーの「ド」がとれた) が酸素説を採用したのはさらにそのあとである。そしてベルトレは一七八五年の時点でまだフロジストン説によってものを書いていた。」

『化学命名法』(一七八七) 執筆の三人の同志たちにこのような冷たい言葉をさしむけるのは、ラヴォアジエのクールな性格によると言ってしまえばそれまでであるが、身に危険の迫る一七九二年の世相のなかでは、必要な自己主張、自己正当化、自己弁護、自己「宣伝」だったのであろうか。いずれにせよ、このような発言は結果として「敵」を作ったという。

ラヴォアジエには酸素発見の経過や水の組成研究の場面でイギリスの化学者、とくにプリーストリやキャヴェンディッシュとのあいだでスキャンダルの「加害者」とされる言動があったが、彼自身もプライオリティ (研究上の先取権) にかんしてはきびしかった。当時酸素説による新理論は

「フランスの化学者たちの理論」と呼ばれていたが、これについて彼は、上記論説のフールクロワ、ギトン＝モルヴォー、ベルトレに触れた部分に続けて次のようにのべている。

「フールクロワやベルトレの状況が今のべたとおりであってみれば、酸素説の新理論は、世間でいうごときフランスの化学者たちの理論であるはずは全くない。これはほかでもない私の理論（la mienne）である。このことは私が私の同時代人と後世に向けて強く主張したい先取権である。」

ラヴォアジエ全集の原文ではこの 'la mienne' が強調のためイタリック体になっている。

一七九三年にはラヴォアジエはすべての官職を解任され、巨大な実験室をもつ兵器廠内の住宅にも留まることはできなかった。一七七六年以来二十年近く親しんだ場所である。この年割引銀行も廃止された。彼も参画した機関である。そして八月にはすべての王立学協会が廃止された。彼の馴れ親しんだ「巣」である王立科学アカデミーももちろんのことである。

彼をいじめぬいたマラーは七月には暗殺されている。しかしロベスピエールは健在である。

逮捕、そして破局へ

一七九三年十一月二四日、前徴税請負人全員の逮捕布告が出た。理由は徴税請負事務本部に命ぜられていた清算業務の遅滞であった。ラヴォアジエはこの業務の責任を負わされていなかったが逮捕された。彼の義父、すなわちラヴォアジエ夫人の父ももちろんのことである。

早速ラヴォアジエは当局にたいして質問書を提出したという(10)。急いでおこなった実験にもとづいて三か月前の八月に暫定メートル法が裁可されているが、よりよい測定値のための実験はもちろん継続中である。一方、前徴税官として逮捕され、清算事務に協力せねばならない。自分はどちらの業務に専念すべきか、という事務的な質問書である。そして、監視のもとに軟禁されれば両業務を遂行できるという意味のことを付言している。結局この質問と希望にはよい結果がもどってこなかったが、依然として彼は逮捕の彼方に死が待っているとは考えていなかったようである。

ラヴォアジエが逮捕される前、あるいは逮捕されたあとにはいろいろのことが起こった。度量衡委員会はラヴォアジエを任務に戻すよう請願したが、戻ってきた結果は彼を度量衡委員から解任する決定であった。

『化学命名法』執筆時の「盟友」フールクロワなどはラヴォアジエを共和国にとっての「不純分子」として追放する動きすら示した。ラヴォアジエの新化学への「加盟」が遅かったなどと批判されたことに恨《うら》みをもっていたのであろうか。ところがテルミドール反動後におこなわれたラヴォアジエの名誉回復の葬儀ではフールクロワは「昔と打って変って」旧師の栄光をたたえたという。『ラヴォアジエ伝』を書いたドーマ(10)によれば「フールクロワの性格と言動を理解するのは困難である。」 ジョゼフ＝フーシェやタレーランなど、「政界遊泳」の達人を生んだあの激動期には、高名な学者もそれぞれその人相応の人生を選択した。

結局ラヴォアジエにとっては「近かった友離れ、遠かった敵来たる」という状況が生じた。彼に近かった「友」、すなわちギトン＝モルヴォー、ベルトレ、モンジュ、ラプラスその他多勢は「身の危険を感じて」沈黙を守るか、離れていくか、した。そして、論敵となって彼と争ったような人物のあるものが牢獄のラヴォアジエを「見舞った」という。好意的な訪問者のひとりに彼の語った言葉が残っている(10)。いわく「全財産は没収されるであろう。生きるために働かねばなるまい。そうだ、自分は薬剤師になろう。そうすれば私の知識と名声が役立つだろう。」

一七九三年の冬近くに逮捕されてから約半年が過ぎて九四年の五月となった。この間に幸いにも革命防衛軍は勝利を続け、侵入連合軍はライン河を渡って退却していった。国内ではモンタニャール派の内紛激化、エベール派処刑、ダントン処刑と続く。旧徴税吏たちの審理は続くが、ラヴォアジエらに有利には展開しない。「罪人」となったラヴォアジエも、主なき私宅を守るラヴォアジエ夫人も、その「育ちのよさ」から卑屈な助命嘆願ができず、誇り高い言葉で革命家たちを怒らせることになった。

やがて一七九四年五月八日午前、革命裁判所はラヴォアジエに死刑の判決を下した。罪状は「共和制とフランス人民に敵対する陰謀」であったという。そしてその日の午後、ギロチンにて処刑。年齢五十歳八か月であった。

このとき裁判長が語ったとされる「共和国は学者を必要とせず。」(La République n'a pas besoin de savants.) は想像の産物といわれる。しかしラグランジュの言葉「この首を切り落とすには一瞬で足りる。されど再現には百年を要するだろう。」は、ほんとうに語られたものといわれる。彼の死後二年、一七九六年に三千人を集めた大葬儀がおこなわれた。

残った人々

ラヴォアジエを断頭台へ送った恐怖政治の最高指導者ロベスピエールの余命はそれほど長くはなかった。革命勢力内の闘争はますます激しさをまし、やがて一七九四年七月二十七日の「テルミドール反動」あるいは「テルミドール九日のクーデタ」と呼ばれるクーデタによりロベスピエールは失脚、翌二十八日、ギロチンで処刑された。ラヴォアジエの死に遅れること僅か二か月余であった。このあと革命は保守化、あるいは反動化の道を歩んだ。歴史に「もしも」をいうのは無意味と知りつつ、僅か二か月前の処刑が「もしも」なかったならば、彼の生き続ける十九世紀の化学がどのような経過をたどったであろうかと考えさせられる。

さて彼の死後、かつて「ラヴォアジエ学派」を構成した友人、同僚たちは、ナポレオン体制、王政復古と続く複雑な世を、幸運に、不運に、たくみに、あるいは拙劣に泳ぎながらそれぞれの人生を追求していった。

なかでも革命前にラヴォアジエと共に『化学命名法』（一七八七）を書いた『三羽烏《がらす》』はどうしたであろうか。自分の名前ギトン＝ド＝モルヴォーの貴族の印「ド」を革命で捨てたギトン＝モルヴォーは「出世」した。一七九二年には国民公会のメンバーになり、やがて公安委員会のメンバーとなった。そしてテルミドール反動後創設されたエコール・ポリテクニクの教授となった。やがてナポレオンが「金の卵を生む鶏《にわとり》」と愛護した名門校（現存）である。ナポレオン帝政時代には造幣局長官にもなった。そしてナポレオン帝国の男爵《しゃく》となった。革命で貴族の「足を洗った」男があらためて貴族になったのである。

早くから工業界で活躍していたベルトレもフランス革命を無事に泳ぎわたり、革命政府の技術顧問を務めたりした。ナポレオンが出現してからは「馬を乗り換え」、華やかな年月を送った。ナポレオンのエジプト遠征には科学顧問として随行、ナポレオンがカイロに新設した研究所で活躍した。そして彼もまたナポレオン帝政下で伯爵になった。晩年はアルクイユの邸を開放して優秀な若い科学者たちを指導した。このグループは「アルクイユ学会」（Société d'Arcueil）と呼ばれ革命後のフランス科学の再生の一中心となった。

ラヴォアジエ学派の三人組の最年少者フールクロワがラヴォアジエにたいして示した不可解な行動については前に記した。ラヴォアジエに傾倒し、ラヴォアジエを裏切り、そしてまたラヴォアジエに讃辞を捧げた人物である。彼はナポレオンの時代に五十数歳で死んだ。

ラヴォアジエと交友関係にあったもので、ナポレオン時代に栄達した人物はこのほかにもいる。モンジュはこの皇帝に深く愛され、元老院のメンバーにもなった。ラヴォアジエと協力してすぐれた熱の実験をしたラプラスはナポレオン体制にしたがって内務大臣にもなった。ナポレオンは砲兵隊をたくみに運用して野戦に勝利を続け、平時は国内の土木事業を拡大するなどして、理工学に深い理解を示した。その事業の一端が前記したエコール・ポリテクニク（砲工学校、理工科学校などと邦訳する）の愛護などである。余談になるが、現存するこのフランスの最高学府のひとつは国防省所属で、学生は軍服を着ている。

さて本題に帰ろう。年長になって革命に遭遇した人々はラヴォアジエの死後上記したように世を渡っていったが、若い弟子たちは大成しなかったという。『化学命名法』のとき、ラヴォアジエらに依頼されて化学記号の調査に従事したアッセンフラッツはその後過激なロベスピエール派になり、そのため後のテルミドール反動期には苦労したという。やがてエコール・ポリテクニクの教授になったが「パッとしなかった」という。アッセンフラッツのあと化学記号の仕事をしたアデはやがて行政官になった。

「呼吸も酸化である」はラヴォアジエの酸素理論の重要な部分である。その彼の呼吸の研究と実験に助手をつとめた人物がセガンで、ラヴォアジエは一七九二年の封印論文回想記のなかでその協力を高く評価しているが、その後の化学の歴史に名を残してはいない。

しかし「変わり種」の例がひとつある。Ⅳ編・1章で、ラヴォアジエの政治・経済思想に大きな影響を与えた重農主義について記したが、フランソワ＝ケネーとともに重農派の重要人物であったピエール＝サミュエル＝デュポン＝ド＝ヌムールはラヴォアジエと親交があった。そしてこのピエールの次男エルーテール＝イレネー＝デュポン＝ド＝ヌムール（Éleuthère Irénée Dupont de Nemours）がここで話題となる。E・Iと略称しよう。E・Iは化学に興味を持ってラヴォアジエに学んだ。ラヴォアジエは火薬監督官をしており、火薬の研究ではベテランであったから、E・Iの将来にとっては大変有益な勉強になったであろう。結局デュポン父子は革命近いフランスをあとにしてアメリカへ渡った。アメリカはすでにイギリスからの独立を達成しており、アンシアン・レジームもない自由の国であった。父ピエールは重農派らしく広大なアメリカの農地に目をつけていたが、化学を学んだ息子のE・Iは火薬製造に目をつけて見事に成功した。そしてE・Iの後継者たちは火薬商人——「死の商人」として南北戦争、第一次大戦を通じて成長し、巨大化学産業となった。これこそ今日だれ知らぬ人もないデュポン化学会社なのである[20]。同社は現在も創立者であるE. I. Dupont de Nemours の名をとって社名としている。デュポン社はラヴォアジエの教え子なのである。

話変って未亡人となったラヴォアジエ夫人はどのような人生をたどったか[10]。

テルミドール反動（一七九四）でロベスピエールとジャコバン派が消えてからは世の中が「さかさま」になってしまった。夫人は、徴税請負人たちを刑場へ送った人物を告発する文章を発表したりしたが、やがて夫の全財産（図書、装置、薬品など）の返還を受け、夫の論文集二巻を出し、サロンを復活させて社交界へ出る。ブルボン王朝時代をなつかしむ、あのサロンである。ここへは多くの学者が再び集まったが、さすがにモンジュ、ギトン＝モルヴォー、フールクロワら「すねに傷《きず》もつ」連中は顔をださなかったという。ナポレオン帝政の初期一八〇五年、四七歳の彼女は再婚する。相手は熱学史上に有名なラムフォード伯爵である。アメリカ出身の彼はドイツにいたころにおこなった「砲身の中《なか》ぐり実験」（一七九八）によって一躍物理学者としての名声をえた。砲身のなかを削るときには限りなく熱が発生するが、これは動力（エネルギー）が熱（エネルギー）に変ったと考える、いわゆる「熱の運動説」の決定的な証明であって、ラヴォアジエらの熱物質説（熱流体説、カロリック説）をしりぞけるものである。Ⅳ編・4章でのべたようにラヴォアジエは熱や光を元素と考えていた。

さて、夫を失って十年余を経て、彼女はそのサロンに出入りしていたラムフォードと再婚したが、「賢夫人」と「風雲児」の性格は一致せず、結局この結婚生活は四年間で解消した。それからはまたサロンを「きりまわす」女主人公の生活が続いた。十八世紀フランス名物のあのサロン、貴婦人の主宰のもとでテュルゴー、ケネー、ダランベール、モンテスキュー、ヴォルテールら文人、科学者らが談笑、討論したあのサロンの再現である。ジャコバン派の天下であった一七九三、九四年の世相は跡形もなく消え失せていた。

こうしてラヴォアジエ夫人はナポレオン帝政、ルイ十八世、シャルル十世、七月王政下を生き続け、一八三六年、七十八歳で死去した。

いうまでもなく化学の進歩はラヴォアジエの死によって停止したわけではない。しかし本書の目的はラヴォアジエを語ることであったので、次章で「ラヴォアジエ化学」のまとめをする。そのうえで最後の補章で現代化学への道を急ぎ足でたどることにしよう。

Ⅵ

化学はラヴォアジエの拓いた道を進んだ

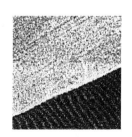

1　まとめ

ラヴォアジエの事業は「化学革命」と呼ばれる。その事業の第一は新燃焼理論の確立である。燃焼とは物質からフロジストンが離脱することであるとするシュタール説を葬って、酸素との結合が燃焼であるとした。

酸素説を実証するにあたって彼は天秤を駆使し、質量保存則を「公理」のごとく信奉した。彼は古来の錬金術の実験事実から一切の観念的、神秘主義的要素を洗い流し、観察され経験される事実だけを忠実に追う近代合理主義の徒である。

彼の業績の最大のもののひとつは近代的元素概念の確立である。ラヴォアジエは生前原子、分子の存在を明言しなかったが、元素概念を確立して近代的な物質観に肉薄した。

物質観の歴史の上にラヴォアジエが占める位置は不動である(12)。

一般理論構築傾向とすぐれた実験手腕　ラヴォアジエは理論家か、実験家か。

「先進的」であったとされる物理学の領域においても、ケプラーやニュートンには「神」があった。ましてや「百年遅れ」とされる化学は錬金術、自然学、自然哲学からようやく離陸したばかりであった。そのような十八世紀の化学者を今日の意味の理論家、実験家の名で呼ぶことは適当ではなかろう。化学と物理学、化学者と物理学者の区別すら明瞭ではなかった時代のことである。

しかし一方、ラヴォアジエは今日の「理論化学者」に近かった、という評価もあるから、このことについて二、三言及しておこう。

たしかに彼のすぐれた一般「理論」構築能力については疑問の余地がない。その成果のひとつは、いうまでもなく酸素説による新燃焼理論の樹立と、それによるフロジストン説の克服である。すべての酸は酸素の化合物であるとする彼の「酸の理論」は結果として誤りではあったが、各種の酸を「単体」として羅列せず、一連の化合物として「体系」化したことはまさに「脱十八世紀」的な「理論」であった。その彼も酸素ガスの本質については十八世紀的な観点を維持したが、これについては次節で触れることになろう。

化学変化を追跡するときに、重量＝質量という物理量を指標にすることはジョゼフ＝ブラックに始まるとされるが、質量保存則を「瞳《ひとみ》」のように尊重し、「公理」のように駆使して化学を近代科学にまで高めたのはラヴォアジエである。一つの原理を無数の事実に適用する傾向は理論家のものであろう。

コンディヤックの哲学に傾倒していたラヴォアジエは、化学を各論的知見の集積物から代数学のように演繹的な学問にしようとしていた。

　彼の理論家傾向について眺めたが、同時に実験家としての彼の能力、努力、そして「財力」(?)については異論があるまい。自然科学では実験法則(law)と普遍原理(principle)を区別するが、原理・公理に近い彼の質量保存則の背後には膨大な、そして高度の質の実験の蓄積があった。その実験をするために、当時のヨーロッパにおける最高級の装置をそろえた実際家としての彼の能力は否定できない。もちろんそのような「財力」と関係なく、彼の青春期の「ペリカンの実験」(II編・3章)にすでに実験化学者ラヴォアジエの真骨頂はあらわれている。

　ラヴォアジエの理論家傾向と関連して強調しておかなければならないことは、他人の研究にたいする、「他人本人よりも(?)」卓越した理解力、解釈能力である。そして他人の知見を自己のものとして、それをさらに展開する能力である。

　第一の例は酸素発見の歴史とそれにたいするラヴォアジエのかかわりかたである。シェーレが銀灰(酸化銀)を加熱して新気体をえた、と彼に知らせたとき、これが容易ならぬ物質(酸素)の発見であることを彼はただちに気づき、多分追試をしたことであろう。ついでプリーストリが水銀灰(酸化水銀)を加熱して新気体をえたときもラヴォアジエはただちに追試をし、金属の灰化で重量を増加させる「空気」と判断したであろう。そしてプリーストリがこの気体の発見者でありながら、この物質を「脱フロジストン空気」と了解して旧化学の世界に踏みとどまっていた間にラヴォアジエは「酸の素《もと》」と命名して酸の理論を作りあげ、新しい燃焼理論を構想してフロジストン理論の息の根を止め、さらには化学全体を近代的な体系に構成しなおしてしまったのである。酸素発見の経過のなかでは一度ならず発見者プリーストリの指摘で自説を修正しながら、しかもこの物質のもつ重要な意義については「発見者よりも先に」理解して自己の理論に組み込んでしまったのである。「盗作？」のスキャンダルを全く否定することはできないが、仕事のスケールの大小と、思想の深浅については議論の余地がない。

他人の仕事にたいするラヴォアジエのすぐれた解釈能力を痛感させる第二の例は、水の組成にかんするキャヴェンディッシュの実験にかかわるものである。可燃性空気（水素）と空気（酸素プラス窒素）の混合物に電気火花で点火すると水が生じることを確認したのは明らかにキャヴェンディッシュであったが、発見者本人はこの実験結果の「意味」をとりあえず正しくは把握しかねていた。フロジストン主義者・アリストテレス主義者であったキャヴェンディッシュの解釈によれば、フロジストン化「水」（水素）と脱フロジストン「水」（酸素）が再結合してフロジストンを授受し水に戻ったのである。つまりアリストテレスが説くように水はあくまでも「元素」である。この結果を聞いたラヴォアジエは、この実験の意味するところをキャヴェンディッシュよりも「先まわりして」解釈してしまった。「水素と酸素が化合して水になったのだ。つまり水は元素ではなく、化合物だ」と。ラヴォアジエは早速この説を公表し、「盗作？」との非難をよそに次の実験に移る。水の熱分解による水素と酸素の発生である。こうして彼は酸素説によってフロジストン理論を、そして水＝化合物説によってアリストテレス四元素説を打倒したのである。これが、他人の実験の真の意味を「他人よりも先に、他人に代って解釈してみせた」人物の物語である。

十八世紀人ラヴォアジエ

一七四三年に生まれて一七九四年に死んだラヴォアジエは当然のことながら十八世紀の人間である。スコラ哲学を克服して近代思想への道を開いた十七世紀人デカルトが実はスコラ的教養によって育てあげられたように、十八世紀人ラヴォアジエの「人と思想」には十八世紀が色濃く影を落としている。彼の生活と学問のなかにある十八世紀的なものを羅列的ながら拾っておこう。

おなじく十八世紀の化学者であったプリーストリとラヴォアジエを比較することは興味深い。一七九四年五月八日、ラヴォアジエは処刑されたが、その一か月前の四月七日、プリーストリは宗教的、政治的迫害のためアメリカへ亡命した。酸素の化学史に不朽の足跡を印した二人であったが、ほぼ同じ時に、一方は死刑によって、そして他方は流刑によってそれぞれの祖国をあとにしたのである[21]。かれらの祖国フランスもイギリスも、その「息子ら」にたいして寛容ではなかった。ところで化学者としてのかれらのコントラストは鮮明である。プリーストリは酸素を発見しながらも、この物質にたいしてはシュタール的な対応をすることに終始した。ラヴォアジエはこの気体を使って新化学を樹立し、シュタールを追放した。プリーストリはこの気体を死ぬまで「脱フロジストン空気」と呼んだが、ラヴォアジエは「酸素」と名づけて化学の近代化の展望を開いた。水や酸は酸素の化合物であって単体ではないことを立証してアリストテレス説の息の根を止めた。

プリーストリは身をもって十八世紀の精神を生き(16)、十八世紀の化学思想のなかに定住し、十八世紀の化学に殉じた。ラヴォアジエは十八世紀の精神を生きつつ、それを後世へ展開させた。十八世紀の精神「に」牽引されて生きたプリーストリと、十八世紀の精神「を」牽引して後世へ拡大したラヴォアジエの対比は印象的である。

ラヴォアジエが十八世紀人でないとは決していえない。彼の酸の理論や酸素説燃焼理論はたしかに画期的で脱十八世紀的であるが、彼の描く酸素ガスのイメージ、すなわち、酸素原質を包むカロリック（熱素）のイメージは充分に十八世紀的で、古風で、非近代的である。

十八世紀人ラヴォアジエの面目躍如たる面は彼の元素表の冒頭に現れている。三十数種の元素名を提示して近代物質観の歴史に不朽の名を残した彼は、最重要元素酸素、窒素、水素の上に光と熱を置いた。『神曲』や『ファウスト』の場面にふさわしい光や熱から神秘のヴェールをはぎとって、単なる「もの」＝元素とした点はたしかに「近代的」であるが、これをエネルギーの概念に高めることができず、当時の「不可量流体」の枠内でとらえた点は明らかに十八世紀的である。

十七世紀イギリスの経験論・啓蒙主義を代表するジョン＝ロックには、知識の源泉として感覚と内省を考えるという二元論があった。フランスの啓蒙派、たとえばコンディヤックはロックの「ある限度を守る、控え目な」態度を「かなぐり捨てて」、感覚一元論をとる。ここにはアンシアン・レジームの重圧、絶対王制の秩序への非妥協的な「一元論的」反逆精神があったのであろう。コンディヤックはあらゆる精神活動を感覚に帰着させようとしてロックの二元論をさらに徹底させた。フランス十八世紀啓蒙主義は政治・社会変革を目的とする実践的なものであった。

そしてラヴォアジエには、化学の革命という実践的目的があった。実験事実＝経験からイデーをひきだし、そしてイデーを正確な「言葉」であらわす、そこに科学が現れる、とのコンディヤックの思想を指導原理にして『化学命名法』が誕生した。クロスランドが、『命名法』のもうひとりの共著者はコンディヤックである(18)というのはその意味である。そしてラヴォアジエはライフワーク『化学原論』の序文にもコンディヤックからの引用をくりかえし、化学を数学のような学問に、といわんばかりの有様である。

フランス十八世紀啓蒙主義は一様ではない。たとえばルソーとコンディヤックは大いに違う。しかしそれらは究極的には同じ一つの目標であるフランス革命に結実した。そしてとくにコンディヤックの哲学はラヴォアジエの化学革命に結実した。その意味でラヴォアジエはまさに典型的な十八世紀人であった。

ラヴォアジエは化学者であり、徴税請負人であり、高級官僚であった。官僚としては火薬監督官を勤めたが、さらに財政家、社会改良家でもあるという万能ぶりであった。財政家としては割引銀行理事になり、社会改良家としてはフレシーヌ（ブロア近郊）に広大な農地を求めて農業改良の研究を熱心におこなった。財政家、社会改良家としてのラヴォアジエの基本思想は重農主義であった。ケネーの流れを汲む重農派が当時勢力をもっていたが、とくにテュルゴーやピエール＝サミュエル＝デュポン＝ド＝ヌムールらと親しく交流していた彼は重農主義の思想を深く身につけたことであろう。その意味でもラヴォアジエは典型的な十八世紀人、典型的な十八世紀のフランス知識人であった。彼の生命化学（呼吸化学、有機酸の化学）指向、農芸化学研究の背景にも重農主義的思考を見たい。

何が化学革命か

二十九歳のラヴォアジエは一七七三年の実験ノートに「化学と物理学に革命をもたらす……」と書いた。後世の人も彼の事業を「化学革命」と呼ぶ。彼は『化学原論』（一七八九）によって、近代化学の古典的基礎を確立したといわれる。では具体的にいって彼の化学革命の内容をなすものは何か。それを考えてみよう。

まず彼自身が自分の業績と考えていたものは何であったか。それを本人に語らせよう。「空気中で加熱した金属の重量増加の原因にかんする歴史的詳報」と題して、彼がその「封印論文」（一七七二）の回想を記したものがある。これは彼がその死の二年前、一七九二年に書いたらしいと言われる。これについてはⅤ編・3章でも記したが、その末尾をみよう。「誰も反論できない私の業績……」として彼が列挙しているのは、酸化と燃焼の全理論、金属と可燃物による空気の分析、酸の理論、有機酸の知見、有機物の分解の知見、呼吸の理論である。

次に我々後世のものがラヴォアジエの偉大な業績、そして近代化学への重大な貢献と考えるものを列挙しよう。

㈠　新燃焼理論

フロジストン説を克服して、酸素による正しい燃焼の機構を提示したことは、酸素発見の功をプリーストリにゆずりつつも、当時の化学、科学、いな文化全体に大きなインパクトを与えた。ラヴォアジエ自身もこれを大きな発見と認めているが、今日からみればそれは彼の新しい化学の前提であり、出発点であった。酸化も化学反応の「ひとつ」なのである。

㈡　定量化学の創始

天秤を駆使し、質量という物理量を指標にして、ペリカンの実験以来、質量保存則を徹底的に自己の方法論としたことは彼の大きな寄与である。ある人は「ひとつのパターンの徹底的な追求が創・造・力となる」という。

㈢　質量保存則

したがってこの法則は彼においては実験法則というより、実験方法論だったのであろう。当然に成立する「公理」だったのであろう。『化学原論』第一部、十三章、ワイン醱酵の部の記述にもぐりこませて「なにげなく」そして当然であるかのように、この「法則」の記載があるが、彼は「この原理」(ce principe) といっている。彼にとっては実験から帰結される法則ではなく、実験を導く原理だったのであろう。

(四)　酸の理論

「酸の素《もと》」すなわち酸素を含むものが酸である、という理論は結果としては誤りで、十九世紀の「酸の水素説」すなわち「水素イオンを出すものが酸」の考えに席をゆずることになるが、酸が単体ではなくて化合物であるとの考えは旧化学の酸理論、すなわち酸が単体であるとするシュタール説の息の根を止めた。ラヴォアジエの酸素は燃焼の理論を革新しただけでなく、酸の理論を通じて化学を革新したのである。「酸の素《もと》」とはいみじくも名づけたものである。前記したように、ラヴォアジエは自己の功績として酸の理論をあげているが、その意気ごみには意味がある。

(五)　新元素概念の確立

万物が「土、水、火、風」の四元素よりなるとするアリストテレスの形而上学的「化学」は、空気が混合物であり、水が化合物であると断じたラヴォアジエの「現実主義的」化学によって否定されたが、彼はさらに進んで新元素表の提示をおこなった。興味あることに、彼自身は元素表の提示を自己の最大の業績のうちにあげていない。しかし化学の歴史からみるならば、これを物質観の一大飛躍として特筆大書しなければならない。十九世紀初頭のドルトン、アヴォガドロの原子・分子論的物質観にはやや遠く、いわんや二十世紀の原子核・核外電子配置にもとづく現代物質観には遥かに遠いが、それにもかかわらず、この元素表は近代物質観の歴史の上で画期的な意味をもっている。光、熱ほか二、三の例外を除けばこの元素表は二百年後の現代のものと同じである。ラヴォアジエは原子・分子概念にたいしては消極的態度を維持した。歴史の禁句「もしも」をいうことを許されるとして、もしも彼の死期が一七九四年ではなく、その十年後の一八〇四年であったならば、彼は原子論にたいしてどんな態度をとったであろうか。ドルトンが原子論を発表したのは一八〇三年のことである。

㈥　気体化学

気体化学、あるいは「空気化学」の「発祥の地」はスウェーデンやイギリスである。空気が単一の元素ではなく、種々の「空気」が存在することはシェーレ、プリーストリ、キャヴェンディッシュらによって明らかにされたが、それら気体の化学を体系化したのはラヴォアジエである。まず彼は通常空気全体をフロジストンに代置したが、プリーストリの示唆により空気の一部(酸素)こそが燃焼の機構を解く鍵であると知る。つまり空気は単体(元素)ではなくて混合物だったのである。そして水が酸素と水素の化合物であることを立証する。こうして水、空気を元素とするアリストテレス説は完全に破綻する。「酸の素」によって酸が化合物であることを示し、シュタールの化学に打撃を与える。酸素説による新燃焼理論は酸素の科学の重要な産物である。彼は酸素、水素、窒素を元素とすることからスタートして新しい単体（元素）観を拓いた。こうして気体化学の研究は、ラヴォアジエの化学が形成されるプロセスにおいてきわめて重要な役割を果した。気体化学の研究においてプリーストリもキャヴェンディッシュも重要な実験事実をあげながら、その実験の意味を解釈する点において、彼らはラヴォアジエに一歩も二歩もおくれた。

(七)　化学命名法の確立

錬金術以来の、とくに十七、十八世紀までの化学には膨大な知見の蓄積があった。なかでも無数の物質に与えられた名前を系統的にすることは一大事業であった。たとえば同じ炭酸ガス（二酸化炭素）という物質にたいして、極端にいえば、「化学者の数だけ」名前があったという。ラヴォアジエの時代になると、硫酸、硝酸、塩酸などが知られ、無機物を溶液化し、結晶化し、純粋物質にすることが可能となった。そこでこれらの純物質にたいしては「分析的命名」をすることが望ましいし、また可能でもあった。「可能」であるためには成分名が知られなければならない（食塩と呼ばず、塩化ナトリウムと呼ぶように）。そこで化合物を構成する単体（元素）名が必要となる。こうして合理的命名法の樹立と正しい元素概念の成立とは密接不可分の関係にあるのである。膨大な物質群の知見をもち、新しい元素概念を胸中にしたラヴォアジエとラヴォアジエ学派（フールクロワら）

が化学命名法を樹立しえたのは必然の勢ということができる。

『化学原論』の序文冒頭でラヴォアジエが述懐した言葉「単著であらためて化学命名法を書くつもりの仕事がいつのまにか本書になってしまった」には深い意味があるように思われる。彼は命名法を書くつもりであった。

以上ラヴォアジエの『化学革命』の内容をなすといわれるものを列記してみた。ところでこのなかで最も重要なものは何であろうか。ラヴォアジエ自身はなぜか指摘していないが、それは科学的単体（元素）観の確立であるというのが定説であろうか。

では筆者の私がラヴォアジエの『化学革命』と考えるものは何か。「命名法を単著で完成したかった」と『原論』の冒頭に書いた本人に代わって、それは化学命名法の樹立であった、といってみたい。一見「挑発的」な発言であるが、私は定説に対してことさら異をとなえようとしているのではない。ヨーロッパの科学、いやそれを生みだした西洋文明における『言葉』の意義と重要性を考えてみたいのである。

2　補章　現代化学への道

ラヴォアジエは、錬金術と近代化学の谷間に咲いた「あだ花」であるフロジストン説を摘みとり、新元素概念を確立して新しい化学の基礎を置いた。ところが、一七九四年五月八日、断頭台はこの五十歳余の活動的な人物が生きて前進することを拒否した。

しかし彼が残した化学はそのあと限りない前進を続ける(1)。

原子・分子説の成立

ギリシア時代の思弁的な原子論をはじめとして、近世の十七世紀後半期にはロバート＝ボイルやニュートンがその機械論的自然観の一環として粒子説を唱えていた。しかしこれらはいずれも基本的には万物の性質を、実体の不明なある基本粒子の集合、運動、相互作用に帰するものであって、一種の「一元的粒子説」である。

これにたいして、特定の物質に特定の原子を、すなわち特定の物質にそれぞれその性質を担う最小の基本粒子を対応させようという思想、つまり「化学的原子論」、物質理論としての具体的な内容をもつ原子論を樹立したのはジョン＝ドルトン（John Dalton, 1766～1844）である(12)。プリース

ジョン＝ドルトン

トリをはじめとして、十八世紀後半のイギリスの科学を担った人々のなかには進歩的な非国教徒が多いが、彼も学芸を愛するクエーカーの環境で成長した。そして十八世紀後半といえば、イギリス産業革命の開始期である。その産業革命の中心地マンチェスターでドルトンは「化学についての思索」に沈潜した。

ラヴォアジエはその元素概念を提起するにあたって、各元素を構成する基本粒子のようなものを考えるのは思弁的、形而上学的であるとして退け、それ以上「奥へ」進むことを避けたが、ドルトンはまさに「思弁的に」それ以上「奥」へと進んだのである。このバトン・タッチは科学の歴史にとってまことに実り多いものであった。

ドルトンはラヴォアジエの元素を受けいれた上で、それらの元素がそれぞれ対応する原子から成ると考えた。ドルトンはこの考えを一八〇三年にマンチェスター文芸哲学協会で発表し、一八〇八年には著書『化学哲学の新体系』で詳細に論じた。「元素はそれぞれ固有の原子をもつ」というドルトンの「化学哲学」は、地下のラヴォアジエの賛成が得られようと、得られまいとに関係なく、ラヴォアジエの化学の自然の進路だったのである。

しかしラヴォアジエとドルトンの化学が十九世紀後半期の爆発的な発展を経て現代の化学に進化するためには、もう一つの関門を突破せねばならなかった。それは「分子」概念の獲得である。し

ゲイ＝リュサック

かしこの関門突破はそれほど容易ではなかった。人はこの間に約五十年の混乱を経験せねばならなかったのである。

ドルトンが原子説を発表した直後、一八〇五〜一八〇八年ごろ、フランスのゲイ＝リュサック(Gay-Lussac)が「気体は簡単な体積比で反応する」という、いわゆる『気体反応の法則』を見出した。

原子のみを考えるドルトンの立場ではこの結果は理解しにくい。ドルトンはゲイ＝リュサックの実験結果そのものを否認したという。

やがて一八一一年、イタリアの物理学者**アヴォガドロ**(A. Avogadro)が、「原子の集まった分子」を考えることによって原子説と気体反応則を両立、調和させうることを示した。たとえば水素分子は水素原子二個よりなり、酸素分子はその原子二個を含み、水の分子は二個の水素原子と一個の酸素分子の結合体である、と考える。

同じ原子は反発するから、二個の水素原子が結合して分子になることはありえないと、ドルトンはここでもまた反論したという。いずれにせよ、分子説の実験的検証手段がないまま五十年が経過した。

この間、各国の産業革命と化学工業の近代化が進むなかで、このような問題の解決が求められるのは自然の勢である。一八六〇年、全欧の主要な化学者がドイツのカールスルーエに集まって国際化学者会議が開かれたが、この会議の終了後になって分子説はひろく受容されるに至った。提唱者アヴォガドロの死後のことである。

アヴォガドロ

有機化学の確立

ドルトン、アヴォガドロに始まる近代的な化学的原子・分子概念が成立するや、前進の準備が整った化学はまさに破竹の進撃を開始する。

現代有機化学の出発はそれより少し前、一八二八年にさかのぼる。この年ドイツの化学者ヴェーラー（F. Wöhler）がはじめて人工的に無機物から尿素を作りだした。当時尿素をはじめ、すべての有機物は生命体の媒介によってのみ作られると信じられていたからこの実験は画期的なものであった。

同じ頃リービッヒ(22)（Justus von Liebig）があらわれ、盟友ヴェーラーとともに、ラヴォアジエ以来のパリ学派に学びつつドイツ有機化学の黄金時代を築きあげ、遅ればせに出発したドイツ産業革命と農業の近代化にも寄与した。

一八五八年、同じくドイツのケクレ（A. Kekulé）は炭素の「原子価」が四価であることを明らかにして、その後の有機化学構造論と有機化学の体系化に甚大な寄与をした。一八六〇年には、アヴォガドロ説受容の契機となった前記カールスルーエ会議を主唱し、一八六五年には、かの有名なベンゼンの六角型構造を提唱して芳香族化合物の構造論の礎石を置いた。近代有機化学史上におけるケクレの功績は計り知れない。

一八六六年にはフランスのベルトロ（M. Berthelot）がアセチレンからベンゼンを造りだし、はじめて「化学合成」（synthèse chimique）という語を用いた。ベルトロの「合成」はヴェーラーの思想の仕上げであると同時に、来るべき二十世紀の「合成物の時代」すなわち今日の合成繊維、合成樹脂、合成ゴムの時代の到来を予告するものであった。

そしてこの「予告」通り、一八六八年、ドイツのリーベルマンらは天然染料茜《あかね》の成分アリザリンを合成し、一八七八年にはバイヤーが天然藍《あい》の成分インジゴを合成した。結果として茜と藍の栽培は壊滅した。その他無数の合成染料の製出によってドイツ染料工業は世界を制覇した。

ヴェーラー

有機化学はこうして確立した。

ただし、ここに登場した「原子・分子」、「構造」などはあくまで化学的原子・分子、化学構造であって、原子間距離、原子価角の確定した分子構造で示されるような物理学的実在ではない。したがってここに原子、分子の実在をめぐっての疑問が提起されるのは当然のことである。その過程で化学の新領域「物理化学」が成立する。

リービッヒ

物理化学の登場

アレニウス（S. Arrhenius）の電離説、すなわち水中で食塩が塩素イオンとナトリウムイオンに解離するという考えは今日あまりにも有名である。しかし一八八四年に彼がこれを学位論文としてウプサラ大学に提出したとき、「これは化学でもなければ物理学でもない」と不評であった。これをいちはやく評価したのはドイツのウィルヘルム＝オストヴァルト（Wi. Ostwald）であった。やがて一八八七年、オストヴァルト、アレニウス、ファント＝ホフらが中心となって『物理化学年報』が創刊された。「化学でも物理学でもない物理化学」の創立である。

ところがオストヴァルトは一八九〇年頃から「エネルギー一元論」を唱え始めた。すべてはエネルギーの概念で統括でき、原子・分子の概念は不要である、原子や分子は物理的実在ではない、……というのである。物理学者のマッハ（E. Mach）も、原子や分子などの「仮想物」は科学にとって無用であると力説した。これに対しボルツマン（L. Boltzmann）は原子、分子の実在を強く主張した。このエネルギー一元論対原子論論争は、世紀の転回点、すなわち十九世紀末～二十世紀初頭の物理学、化学の歴史で注目すべき事件であった。この論争はまことに激しいもので、やがてボルツマンは自殺したが、歴史はエネルギー一元論の味方ではなかった。原子・分子論の勝利が訪れるのである。結局原子、分子は物理学の認知をうけた。

二十世紀はじめ、一九二七年に新興物理学である量子力学によって水素分子生成が明らかにされた。ドルトンが強く反対した「同じ水素原子同士が強く結合して水素分子になる」ことが証明されたのである。こうしてドルトン、アヴォガドロ以来の懸案であった化学結合の本性、すなわち分子内の原子の結合の本性が解明された。錬金術の時代以来、物理学では解明できない不思議な力とされてきた「化学親和力」、これこそ化学者の守備範囲とされてきたものが、ほかならぬ物理学によって説明された。これは化学と物理学の原理的な境界を取り払う事件であった。化学現象と物理現象とは同じ原理で統括されることが明らかとなったからである。

プラスチックと分子生物学の時代　現代はプラスチックの時代とも呼ばれる。われわれの周囲には無数のプラスチック（合成樹脂）、合成ゴム、合成繊維が取り巻いている。これらの新材料なくして現代生活は成立しない、といっても過言ではない。

ところでこれら新材料の多くは、絹、羊毛、木綿、天然ゴム、デンプンなども含めて、化学的には「高分子」と総称される物質である。ラヴォアジエ、ドルトン、アヴォガドロ時代、さらに十九世紀後半のドイツ有機化学の全盛時代にも化学者の念頭にはなかった、分子量数十万、数百万の「巨大分子」である。今日すべての化学者の常識となっている高分子＝巨大分子概念が市民権を獲得するまでの道程は平坦なものではなかった。今世紀前半期の激しい「高分子説・低分子説論争」

を経由してはじめて高分子概念は成立したのである。

この論争はまずセルロースが低分子か、高分子かをめぐって争われた。セルロースが加水分解によりグルコースを与えるので、セルロースの原単位がグルコースであるとする点では、低分子論者と高分子論者の間に不一致はなかった。ところで低分子論者は、セルロースはグルコースの小環状縮合体が二次的な力で多数凝集し会合した大粒子であると説く。片や高分子論者は、セルロースはグルコースが一次結合力すなわち通常の化学結合で無数に縮合して巨大分子になっていると主張する。低分子論者は、セルロースだけでなくゴムもタンパクも「凝集物」であると考え、高分子論者はそれらもみな「巨大分子・高分子化合物」であると主張した。

一九二六年当時のドイツ有機化学界では、低分子説が圧倒的に優勢であったが、それからわずか四年後の一九三〇年には状況は一変し、有機化学の大家連は続々と高分子説に転向していた。こうして高分子説は勝利を収めたが、この論争の決着にもう一人の人物が寄与したことを忘れてはならない。それはアメリカのデュポン化学工業会社のカロザーズ（W. H. Carothers）である。彼は一九三〇年代前半に最初の合成ゴム「ネオプレン」と最初の合成繊維「ナイロン」の製出に成功するが、その合成の過程は高分子説の実験的立証以外の何物でもなかった。こうして一九三〇年代後半から四〇年代には「高分子」は「説」から実在へと転化した。

ところで高分子の概念は単にプラスチックの時代を拓いただけではない。それは生物化学、あるいは現代生物学にも大きな影響を与えた。生体を構成するタンパク、高等動物の運動機能を司る筋肉、あるいは生体内の化学反応の触媒となる酵素、さらには遺伝情報を担う核酸も高分子であることが明らかとなり、核酸高分子の二重らせん構造にもとづいて遺伝の仕組が説明された。そして「分子生物学」という言葉までが生まれたのである。

ラヴォアジエの創立した化学は今や物理学、化学、生物学までも含めた広い意味の「物理的科学」の重要な構成部分となった。

以上がラヴォアジエ以後二百年の化学の歴史である。そしてここで人々が歩んできたのは、二百年前に彼が敷設した路線の延長線上である。

あとがき

このシリーズの編集方針では、主人公の人生行路を生涯編と思想編にわけて書くことになっている。しかしラヴォアジエは御覧のような多面的な人物なので、私には彼を「生活者」と「認識者」に分離して書くことができなかった。新化学を樹立したアカデミー会員は、他方では徴税役人として断頭台に上った人物なのである。

おまけに私は、目次で御覧のように、ラヴォアジエを描くと称して、ヨーロッパ中世から話を始めるという「大風呂敷」をひろげてしまった。それにはわけがある。

今、日本の工業は他国を圧倒していると一部の人は考えている。しかし日本をよく知るヨーロッパのある知識人は「日本が技術で重きをなす国であることは確かだ。だが科学で重きをなす国かしら?」と言った。そして時には「この国には製造あって創造なく、研究あって学問なし」と言われ、「この国は異質な国である」とまで批評される。

いま我々の眼前にあるのは、ヨーロッパ一千年の科学と思想の歴史を省略して駆け抜けた「明治百二十年」の日本である。この性急な西洋文明の受容は創造よりも模倣に近い。結果が「異様、かつ異質」なのは当然であろう。それは一貫した「目的合理主義」の姿勢であった。表面上の近代化を強行するために、その目的に直接役立つもの、言いかえれば科学技術の成果だけをきわめて能率よく「合理的」に受容しながら、その成果を産み出す原動力となった思想を学び忘れた。いや、その幾つかにたいしては「危険思想」のレッテルを貼って拒否したのである。

私が本書をわざわざ、化学とは直接に関係もない「ヨーロッパとは何か」から始め、ヨーロッパの成立にさかのぼったのは、実は日本人としてこの問題を考えるためである。日本の科学技術が「異質」だといわれるのは、この前提、すなわち西洋文明千年の前提条件がないことをさすのかもしれない。その意味で本書の「序章の序章」は私にとって是非とも必要だったのである。このことにかかわって、最近の新聞紙上で私は興味ある記事を読んだ。統一ドイツの代表として着任した新駐日大使がこう言っていたのである。「ドイツ国民には、ヨーロッパをドイツ的にする意図は毛頭ない。ドイツをヨーロッパ的にしたいのだ」と。「はじめにヨーロッパありき」との彼らの心意気を見た思いがする。

Ⅳ編・2章ではファウスト博士のまねをして「始めに言葉ありき」などと切りだし、ヨーロッパ中世の有名な普遍論争までも持ちだして「言葉」について語った挙げ句、コンディヤックの思想のラヴォアジエ化学への大きな影響を論じた。そして私は「『化学命名法』こそ、化学へのラヴォアジエの最大の貢献ではなかったか」といささか挑発的な提言を「まとめ」の章でしてしまった。科学史の常識からすれば恐らく酸素を中心とする気体化学の樹立とか、新元素概念の確立などが彼の最大の寄与ということになるであろう。にもかかわらず私が「命名法……」と挑発してみせたのは、コンディヤックの説く科学と言語の理念、あるいはそれに強く引かれたラヴォアジエの科学思想をあらためて考えなおし、西洋の科学技術文化の底に流れるヨーロッパ精神に目を注ぎたかったからである。幕末から明治初年にかけてラヴォアジエの化学を精力的に学びつつ、その背景にある思想には比較的無関心であった我々日本の化学技術人であってみれば、この配慮は許されてよかろう。「日本の理工学者の無思想は天下に冠たるもの……」などと識者に叱責されてみれば、私も奮起せざるをえない。

ところで私は本書を「偉人ラヴォアジエ伝」にはしなかった。主人公のラヴォアジエはもちろんのこと、他の登場人物もみなクールに、客観的に、冷静に描いたつもりである。「スキャンダラス」などという形容詞も用いたが、憎悪を向けはしなかった。

ただしロベスピエールだけは常識的な「恐怖政治の仕掛人」、ラヴォアジエ処刑の「元凶」に終ってしまった。しかし「史上の人物を見るには、公正な愛情をもってすべきである」といわれる。そしてロベスピエールについては「モラリスト、清廉の士、革命の殉教者」という評価もあるのである。それを論ずるにはいささか紙数が足りなかった。

結局のところこの本は科学史書であるよりは、歴史好きのアマチュアのみたラヴォアジエである。

より詳細で専門的な知見を求める読者諸子は巻末の参考文献によられたい。私自身これらの文献にきわめて多くを負っている。なかでもV編・2章「メートル法」の部については北海道大学名誉教授高田誠二氏から提供された知見にほぼ全面的に依存している。記して謝意を表したい。
当然のことながら清水書院の清水幸雄、徳永隆両氏と荻原精一氏から受けた好意、激励、協力が本書の執筆、刊行を可能にした。後記して深謝する。

一九九一年　秋

札幌、澄川にて
中川　鶴太郎

ラヴォアジエ年譜

西暦	年齢	年譜	参考事項
一六六九			ベッヒャー、フロジストン説の端緒
一七二三			シュタール、フロジストン（燃素）説
四三		8・26 パリに生まれる	ダランベール『力学教程』
四六	3		ロウバック、鉛室硫酸の製造
五一	8		ディドロら『百科全書』の刊行はじまる
五四	11	コレージュ・マザランへ入学	ブラック、固定空気（炭酸ガス）発見、天秤による定量化学の創始
五五	12		ルソー『人間不平等起原論』
五八	15		ケネー『経済表』
六一	18	法学部へ	
六二	19		ボーメ『薬学初歩』 ルソー『社会契約論』、『エミール』
六三	20	法学の資格取得	ブラック、比熱、潜熱の概念、熱学の基礎
六四	21	法学の学士号取得	
六五	22	石膏についての最初の研究を科学アカデミー	ワット、蒸気機関（分離凝縮器）

一七六五	22	で発表（一七六八、アカデミー紀要刊）	イギリス産業革命始まる
六六	23	石膏についての第二論文をアカデミーに報告 パリの照明の改良にかんする懸賞論文で国王から金賞を受ける	キャヴェンディッシュ、可燃性空気（水素）発見
六八	25	科学アカデミー化学系助会員の候補となる 徴税請負人となる 科学アカデミー化学系助会員（定員外）となる	
六九	26	前年冬からいわゆるペリカンの実験に専心	シェーレ、酒石酸を発見
七〇	27		シェーレ、一七七〇～一七七三の間に火の空気（酸素）発見
七一	28	徴税請負人の娘マリ＝アンヌ＝ポールズと結婚	
七二	29	科学アカデミー準会員となる 父、相続可能な貴族の肩書を買う 加熱により金属の重量を増加させる物質（酸素）にかんするいわゆる封印論文を書く（11・1）	『百科全書』（一七五一～）完成 ダニエル＝ラザフォード、怠惰空気（窒素）を発見
七三	30	実験ノートに「化学と物理学に革命をもたらすだろう……」と記す 前年の封印論文を開封させる（5・5）	
七四	31	シェーレから来信、新気体（酸素）についての実験を依頼される。返信せず	プリーストリ、新気体（酸素）をえる プリーストリ、パリでラヴォアジエに会

一七七四	31		い、新気体（酸素）の情報交換 プリーストリ、亜硫酸ガス、アンモニアを得る シェーレ、塩素ガスを得る フランス国王ルイ十五世よりルイ十六世へ
七五	32	蔵相テュルゴの要請で王室火薬監督官となる いわゆる『復活祭論文』で「金属灰の加熱分解で大気と同じ通常空気が離脱する」とする	プリーストリ、脱フロジストン空気（酸素）発見を英王立協会に報告
七六	33	父死去し、貴族の肩書と多額の遺産を継ぐ 兵器廠内の新居へ移り、大実験室を造る	アメリカ独立宣言 アダム＝スミス『国富論』
七七	34	フロジストン説を否定、酸素説による新燃焼理論を樹立	シェーレ、硫化水素を発見
七八	35	いわゆる『復活祭論文』の修正、再報告。「金属灰の加熱分解で離脱するのは純粋空気（酸素）である」とする 脱フロジストン空気、活性空気、純粋空気などをあらため酸素とする 科学アカデミー正会員となる ブロア近郊フレシーヌに広大な農地を買い、	

一七七八	35	農業の改良の研究をおこなう	
七九	36	酸の理論『酸の本性についての一般的考察』	
八〇	37		ガルヴァーニ、動物電気の発見
八一	38		プリーストリとキャヴェンディッシュ、可燃性空気（水素）と脱フロジストン空気（酸素）から水を合成 ワット、回転式機関 カント『純粋理性批判』
八三	40	『フロジストンについての考察』でシュタール理論を痛撃 6月、キャヴェンディッシュらの水の合成の実験を知り、ただちにラプラスと協力してこれを追試、11月、「水は水素と酸素の化合物である」ことをアカデミーで公表	モンゴルフィエ兄弟、熱気球発明 シャルル、水素気球発明
八四	41		1月、キャヴェンディッシュ、英王立協会で水の組成の研究を発表
八五	42	2月、水を水素と酸素に分解する実験 科学アカデミー議長となる。	4月、ベルトレ、フロジストン説から酸素説に転向 クーロン、電気、磁気力にかんするいわゆるクーロンの法則

一七八六	43	『化学命名法』編集作業始まる	ギトン＝ド＝モルヴォー、フロジストン説から酸素説に転向
八七	44	ギトン＝ド＝モルヴォー、ベルトレ、フールクロワとの共著『化学命名法』刊行、酸素は正式に oxygène となる	シャルル、気体膨張にかんするシャルルの法則
八八	45		春、フランス各地に食糧暴動 夏、パリ、ディジョン、トゥールーズなどで政治暴動
八九	46	3月、『化学原論』(『化学教程』)刊行 第二身分(貴族)出身の三部会議員となる	5月、ヴェルサイユで三部会開催 6月、三部会から国民議会が分立 7月、国民議会が憲法制定議会を宣言 7・14　バスチーユ襲撃、フランス大革命 8月、『人権宣言』
九〇	47	度量衡制定委員となる	国民議会、メートル法制定を議決 ルブラン、いわゆるルブラン法ソーダ製造
九一	48	火薬監督官解任 国庫財政官となり、財政論文『フランス王国の土地の富』を書いて財政再建案を提案	徴税請負制度廃止 ヴァレンヌ事件(国王一家逃亡、逮捕)
九二	49	論文『空気中で加熱した金属の重量増加の原因にかんする歴史的詳報』を書いて『封印	国民公会、王権を廃止

一七九三	50	論文（一七七二）』時代の経緯を解説 1月、キログラム制定のための実験一応終了 すべての官職を解任され、兵器廠内の住居と大実験室からも出る 11・24 全ての前徴税請負人と共に逮捕される 11・26 国民公会公安委員会あて、度量衡制定作業に従事できるよう嘆願。実現せず	ロベスピエールによるいわゆる恐怖政治始まる 1・21 ルイ十六世処刑 第一共和政誕生 国民公会、全王立アカデミーの廃止を決定 国民公会、度量衡統一令発布、暫定メートル法発布、メートル法制定 10・16 王妃マリー＝アントワネット処刑
九四		5・8 午前、革命裁判所にて死刑判決をうけ、午後ギロチンにて処刑（満五十歳八か月）	4・7 プリーストリ、アメリカへ移る 7・27 テルミドールのクーデタでロベスピエール失脚（7・28処刑） エコール・ポリテクニク創立
九六		パリ工芸院でラヴォアジエの盛大な葬儀	ナポレオン、イタリア遠征
九八			ラムフォード伯、熱の本性にかんする実験
一八〇三			ジョン＝ドルトン、原子説
四			ナポレオン皇帝となる
五		ラヴォアジエ夫人、ラムフォード伯と再婚（一八〇九離婚）	
八			ゲイ＝リュサック、気体反応の法則

一八一一 三六		2・10	ラヴォアジエ夫人死去（七十八歳）	アヴォガドロ、分子説 ルイ＝フィリップの七月王政期

参考文献

(1)『現代科学への道』中川鶴太郎他　——北海道大学図書刊行会　一九八四
(2)『ヨーロッパとは何か』（岩波新書）増田四郎　——岩波書店　一九八七
『ヨーロッパとは何か』堀米庸三（『西洋と日本——比較文明史的考察』）（中公新書）増田四郎編　——中央公論社　一九七〇
(3)『西欧精神の探求——革新の十二世紀』堀米庸三編　——日本放送出版協会　一九七六
(4)『中世の産業革命』J・ギャンペル著　坂本賢三訳　——岩波書店　一九七八
(5)『西欧文化の条件——中世の復権』（講談社現代新書）井上泰男　——講談社　一九七九
(6)『中世都市——社会経済史的試論』（創文社歴史学叢書）アンリ・ピレンヌ著　佐々木克巳訳　——創文社　一九七〇
(7)『錬金術——仙術と科学の間』（中公新書）吉田光邦　——中央公論社　一九六三
(8)『化学と人間の歴史』レスター著　大沼正則監訳　——朝倉書店　一九八一
(9)『フランス絶対王政』（岩波講座『世界歴史』15巻）柴田三千雄・二宮宏之・千葉治男　——岩波書店　一九六九
(10)『ラヴォワジエ』M・ドーマ著　島尾永康・天羽均訳　——東京図書　一九七八
(11)『近代科学技術の成立』荒川泓　——北海道大学図書刊行会　一九七三
(12)『物質理論の探求——ニュートンからドールトンまで——』（岩波新書）島尾永康　——岩波書店　一九七六

(13)　『ラヴォアジエ』　原光雄　「自然」―――中央公論社　一九五一、八月

(14)　H. Guerlac in Ch. C. Gillispie (Ed.) : 《*Dictionary of Scientific Biography*》, Vol. 8 ――― Charles Scribner's Sons, New York, 1973.

(15)　G.B. Kauffman : *Nature*, **338**, 699 (1989).

(16)　『理性と革命の時代に生きて――J・プリーストリ伝』(岩波新書)　杉山忠平　岩波書店　一九七四

(17)　『フランソワ・ケネーの生と死を追って』　平田清明　「図書」(岩波)　―　岩波書店　一九九〇、四月

(18)　M.P. Crosland : 《*Historical Studies in the Language of Chemistry*》 ――― Dover Publications, Inc., New York, 1978.

(19)　『単位の進化』(講談社ブルーバックス)　高田誠二 ――― 講談社　一九八四

『実験科学の精神』　高田誠二 ――― 培風館　一九八七

(20)　『死の商人』(岩波新書)　岡倉古志郎 ――― 岩波書店　一九六九

(21)　Douglas McKie : 《*Antoine Lavoisier. Scientist, Economist, Social Reformer*》 ――― Constable and Co. Ltd., London, 1952.

(22)　『化学者リービッヒ』(岩波新書)　田中　実 ――― 岩波書店　一九七七

(付)　『全集』(《*Oeuvres*》) と略称される著名な国立出版所版ラヴォアジエ全集(全六巻) には次のリプリント版がある。

《*Oeuvres de Lavoisier*, 6 vols. (Paris, 1862-1893》, Johnson Reprint Corporation, New York, N. Y. (1965).

さくいん

【人　名】

【事　項】

ラヴォアジエ■人と思想101　定価はカバーに表示

1991年11月25日　第1刷発行©
2016年5月25日　新装版第1刷発行©

・著　者 ………………………… 中川鶴太郎《なかがわつるたろう》
・発行者 ………………………… 渡部　哲治
・印刷所 ………………………… 広研印刷株式会社
・発行所 ………………………… 株式会社　清水書院

〒102-0072　東京都千代田区飯田橋3-11-6
Tel・03(5213)7151～7
振替口座・00130-3-5283
http://www.shimizushoin.co.jp

検印省略
落丁本・乱丁本はおとりかえします。

Century Books

Printed in Japan
ISBN978-4-389-42101-4

CenturyBooks

清水書院の〝センチュリーブックス〟発刊のことば

近年の科学技術の発達は、まことに目覚ましいものがあります。月世界への旅行も、近い将来のこととして、夢ではなくなりました。しかし、一方、人間性は疎外され、文化も、商品化されようとしていることも、否定できません。

いま、人間性の回復をはかり、先人の遺した偉大な文化を継承して、高貴な精神の城を守り、明日への創造に資することは、今世紀に生きる私たちの、重大な責務であると信じます。

私たちがここに、「センチュリーブックス」を刊行いたしますのは、人間形成期にある学生・生徒の諸君、職場にある若い世代に精神の糧を提供し、この責任の一端を果たしたいためであります。

ここに読者諸氏の豊かな人間性を讃えつつご愛読を願います。

一九六七年

清水棟六

SHIMIZU SHOIN